Coleção
Biblioteca
do Maçom

Jefferson Soares de Carvalho

Maçonaria
e
Partido Comunista do Brasil

Editora Maçônica "A TROLHA" Ltda.

EDITORA MAÇÔNICA
A TROLHA

JEFFERSON SOARES DE CARVALHO

Maçonaria
e
Partido Comunista do Brasil

Editora Maçônica "A TROLHA" Ltda.
Rua Castro Alves, 835 – Jd. Shangri-lá A – Fone (43) 3337-1982
Fax (43) 3326-0915 – Cx. Postal 238
CEP 86001-970 – Londrina – PR

Londrina, janeiro de 2014

EDITORA MAÇÔNICA "A TROLHA" LTDA.
Rua Castro Alves, 835 – Jd. Shangri-lá A
CEP 86070-670 – Londrina – PR
Cx. Postal 238 – CEP 86001-970
Fone (43) **3337-1982** – Fax (43) **3326-0915**
Site: www.atrolha.com.br
E-mail: redacao@atrolha.com.br

Coordenação Geral:
Conselho Editorial

1ª Edição: 2014 – Tiragem: **1.600 exemplares**

Projeto Gráfico e Diagramação:
Maristela Meneghetti

Capa:
Ulisses Candreva

Revisão:
Maria Christina Ribeiro Boni

Impressão e acabamento:
Idealiza Gráfica & Editora

Obediência: *Grande Loja Maçônica do Estado de Goiás – GLEG*

Dados Internacionais de Catalogação na Publicação (CIP-Brasil)
CATALOGAÇÃO NA FONTE

C331m Carvalho, Jefferson Soares de.
Maçonaria e partido comunista do Brasil / Jefferson Soares de Carvalho. – 1. ed. – Londrina: Ed. Maçônica "A TROLHA", 2014.
184p.; 14,21 cm. -- (Coleção Biblioteca do Maçom).

ISBN: 978-85-7252

1. Maçonaria – Comunismo – Brasil. 2. Maçonaria – Apontamentos políticos. 3. Partido Comunista Brasileiro. 4. Canellas, Antonio Bernardo – Biografia. I. Título. II. Série.

CDD 360
CDU 061.236:329.15(81)

Índices para catálogo sistemático:

1. Maçonaria – Comunismo – Brasil
061.236:329.15(81) (CDU)
2. Maçonaria – Apontamentos políticos
061.236:329.15 (CDU)
3. Partido Comunista Brasileiro
061.236:329.15(81) (CDU)
4. Canellas, Antonio Bernardes – Biografia
012(091)

Por mais forte e sólido que possa parecer, perante o tempo e a História, tudo que não esteja alicerçado na Verdade, ou muda ou é destruído.

Dedicado ao Thomaz e Pedro Antônio, meus netos, com o desejo de que nunca tenham receio de buscar a Verdade.

Sumário

Prefácio 13
Apresentação dos Editores 15
O Partido Comunista do Brasil 17
A Internacional Comunista 19
Canellas no IV Congresso da Internacional Comunista 29
Maçonaria Versus Comunismo 43
Biografias 51
Cristiano Coutinho Cordeiro 57
Everardo Dias 71
Alguns Apontamentos Políticos Maçônicos 79
Anexos 157
Anexo II 161
Anexo III 163
Anexo IV 171
Anexo V 175
Bibliografia 181

Prefácio

Este livro é um trabalho de História onde procurei não fazer nenhum julgamento de valor, quanto à participação da Maçonaria no movimento comunista; mesmo porque é muito comum, até mesmo no seio da Maçonaria, confundir-se participação de Maçons individualmente com participação da Maçonaria.

Penso ser um trabalho relevante, pois traz uma série de informações e fatos ainda inéditos para Maçons e Não Maçons. Muito se tem escrito sobre a Histórica Maçônica do Império até a Proclamação da República, mas muito pouco de lá para cá. Neste trabalho vemos que há uma rica História a ser trazida a lume, o que nos falta são pesquisadores e escritores.

Falhas há, bem o sei. Uma das que mais me incomoda é a falta de dados, apesar de inúmeras pesquisas, sobre a vida maçônica de Cristiano Cordeiro.

Na sessão Biografias trago a de Antonio Canellas, apesar de não ser Maçom, numa homenagem à coragem com que defendeu a Maçonaria e seus Companheiros Maçons.

Sei que muito ainda tem a ser realizado em matéria de estudos e pesquisas, mas esta é a minha modesta contribuição; um tijolo posto por um Pedreiro Livre, na construção da busca da verdade histórica do nosso país e da Maçonaria.

Apresentação dos Editores

É certo que muito se falou e aumentou em relação ao Partido Comunista e seus adeptos no Brasil e no mundo, Maçons ou não. E até os dias de hoje ainda há preconceito e receio de ver esse lado da história esclarecido, por motivos que não vêm ao caso neste estudo, e talvez por isso haja tão poucos subsídios sobre uma época marcada por fortes ideais, intrigas, perseguições e luta.

Ainda que as motivações pudessem ser outras, a necessidade de mudança urgia naquele período em que a dicotomia ou se está comigo ou então está contra mim era usada com frequência, além da desigualdade social e cultural em âmbito mundial. A exploração do trabalhador na zona urbana aumentava numa escala assustadora, e somados a isso o analfabetismo e a exploração de homens, mulheres e crianças nos campos agrícolas fomentaram este movimento nascido na Rússia, e que depois se espalhou pelo mundo, sendo assumido em primeira mão por intelectuais, líderes do povo e operários

Geralmente menosprezada, a importância deste movimento no Brasil e em outros Países onde o índice de analfabetismo era gritante foi a forma de atuação destes grupos mesclados por intelectuais e líderes dos movimentos operários, que primeiramente precisavam ensinar as pessoas a ler, pois como poderiam transmitir as informações necessárias se poucos liam e compreendiam o que se dizia. Este incrível trabalho fomentou sobremaneira a educação e a formação posterior de leis mais igualitárias.

O Autor Jefferson Soares de Carvalho vem em momento mais que oportuno abrir as portas deste período obscuro no País e consequentemente na Maçonaria, contribuindo para o esclarecimento da atuação de Comunistas Maçons ou afins. Um resgaste importante da história de pessoas que lutaram bravamente por algo em que acreditavam.

Sem pender a balança, ***Maçonaria e Partido Comunista do Brasil*** *busca resquícios de um tempo não muito distante, mas pouco documentado. Uma visão da história contemporânea sob um ângulo diferente.*

Londrina, novembro de 2013.

Os Editores

O Partido Comunista do Brasil

Entre 1910 e 1920, as ideias anarquistas predominaram no meio proletário brasileiro. Desde que eclodiu, a Revolução Russa de 1917 foi acompanhada com interesse e admiração, embora de forma confusa no campo ideológico, pelos anarquistas brasileiros. Eles apoiaram a revolução na Rússia, imaginando que ela fosse de caráter anarquista. Com o passar do tempo, com as notícias de perseguição e assassinato dos anarquistas russos e as definições no campo ideológico, houve um racha com violenta disputa pelos sindicatos e lideranças da classe trabalhadora. De um lado os anarquistas, frontalmente contra os comunistas, liderados por Oiticica e Octávio Brandão entre outros, e, de outro, os comunistas liderados por Astrojildo Pereira.

Vendo que já era hora de definir e demarcar com clareza suas posições, em 25 de março de 1922, na sede da União Operária, no Rio de Janeiro, realizou-se o congresso de fundação do Partido Comunista do Brasil, mas, por temer-se a intervenção da polícia, o congresso foi transferido no dia 26, para a residência de umas tias de Astrojildo, em Niterói. Os trabalhos foram secretariados por Cristiano Cordeiro e contou com a presença de nove delegados, muitos vindos do movimento anarquista, representando 73 comunistas. Eram eles: Abílio de Nequete (barbeiro); Astrojildo Pereira (jornalista do Estado do Rio de Janeiro); Cristiano Cordeiro (funcionário público de Recife); Hermogêneo Silva (eletricista e ferroviário de Cruzeiro, São Paulo); João da Costa Pimenta (gráfico em São Paulo); Joaquim Barbosa (alfaiate no Rio); José Elias da Silva (funcionário público do Rio); Luis Peres (operário vassoureiro do Rio) e Manuel Cendón (alfaiate). Com exceção de Manuel Cendón, que tinha algumas noções de marxismo, todos são ex-anarquistas.

Foram aprovadas as 21 condições de admissão impostas pela Internacional Comunista, os Estatutos do Partido, a eleição da Comissão Central Executiva, ações pró-flagelados do Volga e assuntos diversos.

Mesmo ausente, Canellas, considerado na época o maior "expert" em política internacional do movimento operário no Brasil, foi escolhido por unanimidade, para a Comissão Central Executiva e para ser o representante no IV Congresso da Internacional Comunista. Sua única missão era conseguir o tão desejado ingresso e o reconhecimento do Partido Comunista do Brasil na Internacional Comunista.[1] Ao final, todos cantaram baixinho, para não espantar as tias de Astrojildo, a Internacional.

Assim Octávio Brandão define o partido em seu início:

> *O PCB (em 1922) era, pois, uma seita insignificante, dirigida por sectários. Gente de boa vontade. Mas teórica e politicamente atrasada, inexperiente e com muitos restos de anarquismo. Girava dentro de um círculo estreito. Tinha influência extremamente limitada.*[2]

---

[1] VIDE ANEXOS I E II.

[2] Octávio Brandão, Combates de Batalhas, Memórias, 1º Volume.

A Internacional Comunista

A Internacional Comunista foi um órgão criado para aglutinar e organizar os partidos e o movimento comunista no mundo, mas terminou servindo para que os russos dominassem, ditatorialmente, os partidos e o movimento comunista no mundo. Em 15 de maio de 1943, o Presidium do comitê executivo da Internacional Comunista decidiu dissolver a Internacional Comunista. A União Soviética se aliara aos países capitalistas contra as potências fascistas, e a dissolução da Internacional visava desfazer suspeitas contra a União Soviética no campo aliado.

Sua história começou em Londres, num ato público em St. Martin's Hall, Long Acre, em 28 de setembro de 1864, na Associação Internacional dos Trabalhadores. Marx foi levado à reunião por um francês que vivia em Londres, que o convidou como representante dos trabalhadores alemães. Marx aceita ser membro de um subcomitê que trabalhará no programa e no estatuto da futura organização. Pelo seu dinamismo, carisma e superioridade intelectual logo se torna o mentor e líder Karl Marx. Engels: "*Na realidade, o chefe da máquina sou eu*".

É uma organização flexível, federalista, dirigida por um colegiado, o Conselho Geral. Cada país teria uma seção, órgão nacional e nenhuma sociedade local independente estaria impedida de ter contato direto com o Conselho Geral. A condição de membro não é rígida, podiam ser tanto sociedades como indivíduos isolados, diz o estatuto: "*todo aquele que concordar com os princípios da Associação Operária Internacional e defendê-los estará habilitado a nela ingressar como membro*". Não pretendia ser monolítica, praticando o pluralismo ideológico, sendo constituída por diversas correntes do movimento operário, como representantes das trade union inglesas, lassallianos alemães, prudhonistas franceses, anarquista, etc. Note-se, Marx, líder e mentor da Internacional, não exigia nenhuma ortodoxia e muito menos a ortodoxia marxista.

No seu quarto ano, em 1868, Marx entrava em conflito com Bakunin, o gigante irredutível, inimigo de todas as tiranias, clama que quer restaurar o idealismo que falta à Internacional, e declara que: "*igualdade sem liberdade significa despotismo do Estado*". Foi extinta por Marx em 1876, para que não se visse obrigado a entregá-la aos anarquistas.

Nessa Primeira Internacional, existia uma organização secreta, a "Aliança de Bakunin" – Bakunin era Maçom –, que era uma organização secreta estruturada com iniciação dos membros, segredos e os seus métodos eram copiados da Maçonaria.

O historiador marxista Boris I. Nicolaevsky, em sua obra *Sociedades Secretas e a Primeira Internacional,* escreve, "*sociedades secretas, algumas exteriormente de forma maçônica, desempenharam um papel decisivo na formação da primeira internacional*". Mas, com muita lucidez, conclui que a Maçonaria regular, como um corpo, nunca participou da formação desenvolvimento da Primeira Internacional.

> *Exteriormente, esses grupos tinham a forma de uma organização maçônica e nome maçônico. Alguns dos membros se consideravam Maçons. Mas os Maçons antigos, que, dirigindo as Lojas, devem ter percebido que suas Lojas tinham pouco em comum com a Maçonaria regular.*

Continua "*eles* não mantinham laços com a maçonaria regular na França ou Inglaterra", e descreve-as como "*dentre aquelas sociedade secretas que exteriormente imitavam os Maçons, mas que eram essencialmente organizações políticas conspiratórias.*

Jacques Freymond, em "Etude sur la formation de la Première Internationale", na Revista de História Suíça, volume XXX de 1950, diz que em seu estudo sobre a Associação Internacional dos Trabalhadores, publicado há 16 anos, já dizia que era impossível saber se a Maçonaria teve participação. Pesquisas subsequentes não resolveram a questão.

Numa reunião de 5 de outubro de 1864, o jornal *A colmeia de abelhas*, de 8 de outubro de 1864 (nº 156), informa que cerca de quarenta pessoas estiveram presentes. Destes, apenas Victor Le Lubez é confirmado como membro do *Loge des Philadelphes*.

Primeiros membros do Conselho Geral Internacional, Charles Longuet (1833-1903) e Paul Lafargue (1842-1911), o primeiro era considerado Maçom, e o segundo, adversário do Império, se tornou Maçom nos seus anos de estudante de medicina. Registros o dão como membro da Loja *L'Avenir*, sendo excluído do quadro por falta de pagamento de dívidas.

No entanto, não se pode dizer que Bakunin foi um Maçom militante. T. R. Adria, em sua obra *Bakunin e os Italianos*, informa que *"em 1845, Bakunin se tornou Maçom, tendo a adesão da Loja escocesa do Grande Oriente de Paris"*, e salienta que *"não há nenhum registro seu de ter participado ativamente no movimento maçônico"*. Mark Leier, em sua obra *Bakunin, a Paixão Criativa*, vai mais longe afirmando que *"Bakunin havia trabalhado com membros radicais de vários países enquanto estava em Londres e tornou-se membro do Rito Escocês, num dos capítulos da Ordem Fraternal; logo tornou-se Grau 32"*.

Já o seu relacionamento com a Maçonaria italiana é mais claro e revelador. Foi membro da Loja *Il Progresso Sociale* em Florença, entre 1864/65. Vale ressaltar que nessa época a Maçonaria italiana estava em grande confusão, existindo quatro Potências Maçônicas, politicamente ativas, mas não reconhecidas pela Maçonaria regular.

Essa Loja *Il Progresso Sociale*, provavelmente, fazia parte do Grande Oriente da Itália em Turim, sem nenhuma legitimidade maçônica.

Em sua correspondência é clara a sua falta de interesse na Maçonaria, pensando em usá-la apenas "*como máscara e ferramenta para seus propósitos revolucionários*". Em carta para Herzarn e Ogarev, de Nápoles, em 23 de março de 1866, ele diz

> *Só peço a vocês, amigos, nunca pensarem que eu tenha seriamente ocupado-me com a Maçonaria. Isso pode ser útil como uma máscara ou um passaporte, mas procurar qualquer coisa séria na Maçonaria é melhor, se não pior, que buscar consolo no vinho.*

Adria também nos informa que Bakunin escreveu um longo manuscrito sobre a Maçonaria "*que foi perdido*", mas fragmentos de reivindicações do seu chamado "*Catecismo de um Maçom*", escrito em 1865, sobreviveram; nesse texto é onde ele pronuncia o famoso aforisma: "*Deus existe, portanto, o homem é escravo.* Homem é livre, portanto não há nenhum Deus. Escapar desse dilema quem pode!"

Já nessa Internacional Marx condenava a Maçonaria:

> *Este tipo de organização está em contradição com o desenvolvimento do movimento proletário, uma vez que essas sociedades, em vez de educar os trabalhadores, submetê-los à autoritária e leis místicas, que impedem a sua independência e direcionar a sua consciência na direção errada.*

Como sempre acontece nesses embates envolvendo a Maçonaria, todos os lados eram acusados de pertencerem à Maçonaria. A mídia tentou desacreditar o proletariado através de alegações de que tanto a Internacional e a Comuna de Paris eram organizadas por uma liderança de Maçons, sob segredo maçônico. Em entrevista dada ao jornalista Landor, do jornal *New York World*, de 18 de julho de 1871, Karl Marx esclarece:

Landor: A insurreição de Paris?

Marx: Exijo em primeiro lugar a prova de que não havia qualquer conspiração em tudo – que nada aconteceu que não foi o efeito legítimo das circunstâncias do momento, ou o enredo concedido, exijo provas da participação da Associação Internacional.

Landor: A presença do corpo comum de tantos membros da Associação.

Marx: Então era uma conspiração dos Maçons também, para a sua participação no trabalho com indivíduos era de modo algum ligeiro. [...] Mas tente outra explicação. A insurreição em Paris foi feita pelos operários de Paris. Os mais capazes dos operários devem necessariamente ter sido seus líderes, mas se acontecer de o mais capaz dos operários ser também membro da Associação Internacional, a Associação, no entanto, como tal, não pode de modo algum ser responsável por sua ação.

Em 1889, promovida por Engels, foi criada em Paris a Segunda Internacional dos Trabalhadores, constituída de partidos social-democratas e diferentes correntes do movimento operário. O debate era livre, não dispunha de órgão administrativo centralizado, nem de nenhum conselho investido de qualquer autoridade internacional. Praticamente foi extinta durante a Primeira Guerra Mundial e dissolveu-se com a Segunda Guerra Mundial.

O Relatório para o Congresso de Haia sobre a Aliança, uma preparação para a Segunda Internacional, dizia que o programa da Primeira Internacional permitiu a infiltração de "*organizações secretas, cujos esforços, em vez de serem dirigidos contra a burguesia e os governos existentes, seriam dirigidos contra a própria Internacional*".

Até o final do século a Maçonaria alemã e austríaca se gabava de seus sucessos em libertar as universidades e círculos científicos da "*praga do materialismo*". Na tentativa reformista do movimento operário, na virada do século, cientistas bernsteinistas da Europa Central proclamavam a superação do marxismo pelo idealismo e o neokantismo agnóstico. Dentro da Internacional a esquerda marxista montou uma defesa do socialismo científico, sem conseguir deter o avanço de idealismo, de modo que a Maçonaria começou a ganhar adeptos dentro dos partidos dos trabalhadores. Jaurès, líder dos trabalhadores franceses, defendeu abertamente a ideologia da Maçonaria contra o que ele chamou de "*pobre e estreita interpretação econômica do materialista do pensamento humano*", Franz Mehring. Os marxistas tentavam, em vão, impor uma luta contra a Maçonaria no Partido Francês.

Em março de 1919, em Petrogrado, foi criada por Lenin a Terceira Internacional, ou Internacional Comunista, ou ainda Komintern, que foi extinta em 1943.

Fez o seu I Congresso em Moscou, entre 2 de março e 6 de março de 1919, com apenas 51 militantes em virtude do bloqueio que a União Soviética vinha sofrendo das potências europeias. Rosa de Luxemburgo, três dias antes de morrer, já vaticinando em que se transformaria tal entidade, incumbiu um delegado alemão de resistir energicamente à constituição da nova entidade. Alertava ela, com enorme lucidez, sobre o perigo de o partido russo vir a ter um peso excessivo da direção, atrelando os seus objetivos aos da Internacional Comunista.

No II Congresso da Internacional Comunista, realizado entre 19 de julho e 07 de agosto de 1920, em Moscou, foram apresentadas as 21 condições para que um partido fosse reconhecido pela Internacional Comunista. Sob a desculpa da necessidade de tornar o partido de diversas tendências, em órgãos revolucionários, monolíticos e unificados, foram aprovadas, mas se revelaram o instrumento de subjugação total e sem contestação dos partidos comunistas pela Internacional Comunista, mais claramente, ao Partido Bolchevique. São elas:

1) Toda propaganda e agitação cotidiana devem ter caráter efetivamente comunista e dirigida por comunistas;
2) Toda organização desejosa de aderir à Internacional Comunista deve afastar de suas posições os dirigentes comprometidos com o reformismo;
3) Em quase todos os países da Europa e da América, a luta de classes se mantém no período de guerra civil. Os comunistas não podem, nessas condições, se fiar na legalidade burguesa. É de seu dever criar, em todo lugar, paralelamente à organização legal, um organismo clandestino;
4) O dever de propagar as ideias comunistas implica a necessidade absoluta de conduzir uma propaganda e uma agitação sistemática e perseverante entre as tropas;
5) Uma agitação racional e sistemática no campo é necessária;
6) Todo partido desejoso de pertencer à Internacional Comunista tem por dever não só o de denunciar o social-patriotismo como o seu social-pacifismo, hipócrita e falso;
7) Todos os partidos desejosos de pertencer à Internacional Comunista devem romper completamente com o reformismo e a política do centro. A Internacional Comunista exige, imperativamente e sem discussão, essa ruptura, que deve ser feita no mais breve de tempo;
8) Nas colônias, os partidos devem ter uma linha de conduta particularmente clara e nítida;
9) Todo partido desejoso de pertencer à Internacional Comunista deve realizar uma propaganda perseverante e sistemática nos sindicatos, cooperativas e outras organizações das massas operárias;
10) Todo partido pertencente à Internacional Comunista tem o dever de combater com energia e tenacidade a Internacional dos sindicatos amarelos de Amsterdã;
11) Todos os partidos desejosos de pertencer à Internacional Comunista devem rever a composição de suas frações parlamentares;

12) Os partidos pertencentes à Internacional Comunista devem ser construídos com base no princípio do centralismo democrático;
13) Os partidos comunistas, onde são legais, devem ser depurados periodicamente para afastar os elementos pequeno-burgueses;
14) Os partidos desejosos de entrar na Internacional Comunista devem sustentar, sem reservas, todas as repúblicas soviéticas nas suas lutas com a contrarrevolução;
15) Os partidos que ainda conservam os antigos programas social-democratas têm o dever de revê-los e, sem demora, elaborar um novo programa comunista adaptado às condições especiais de seu país e no espírito da Internacional Comunista;
16) Todas as decisões do Congresso da Internacional Comunista e de seu Comitê Executivo são obrigatórias para todos os partidos filiados à Internacional Comunista;
17) Todos os partidos aderentes à Internacional Comunista devem modificar o nome e se intitular "Partido Comunista". A mudança não é simples formalidade, e sim de uma importância política considerável, para distingui-los dos partidos socialdemocratas ou socialistas, que venderam a bandeira da classe operária;
18) Todos os órgãos dirigentes e da imprensa do partido são importados do Comitê Executivo da Internacional Comunista;
19) Todos os partidos pertencentes à Internacional Comunista são obrigados a se reunir, quatro meses após o II Congresso da Internacional Comunista, para opinar sobre essas 21 condições;
20) Os partidos que quiserem aderir, mas que não mudaram radicalmente a sua antiga tática, devem preliminarmente cuidar para que 2/3 dos membros de seu comitê central e das instituições centrais sejam compostos de camaradas que, antes do II Congresso, tenham se pronunciado pela adesão do partido à Internacional Comunista;
21) Os aderentes partidários que rejeitam as condições e as teses da IC devem ser excluídos do partido. O mesmo deve se dar com os delegados ao Congresso Extraordinário.

Já, nesse II Congresso, a questão de Maçons pertencerem ao Partido Comunista havia sido debatida.

O III Congresso Mundial da Internacional Comunista realizou-se entre 22 de junho e 12 de julho de 1921, em Moscou. A partir daí a chamada "Internacional Bolchevique" passou a ser uma organização rígida, de direção centralizada, constituída segundo o "centralismo democrático", que de democrático não tinha nada, o Partido Comunista da União Soviética passou a exercer incontestável hegemonia. O Comintern, que se incumbia de dar diretivas a todas as seções da Internacional, era dirigido por um Comitê Executivo controlado pelos soviéticos, que excluía seções inteiras, grupos e indivíduos isolados e retificava os programas de cada organismo nacional. Ainda podiam enviar representantes às seções nacionais, com direito de assistir às suas reuniões e intervir contra o Comitê Central do Partido sob fiscalização. Os congressos das seções não podiam realizar-se sem a sua autorização e o posto de dirigente é considerado pertencente à Internacional e não ao seu ocupante. Estava implantado um controle total dos soviéticos sobre os demais partidos comunistas, onde não se admitiam críticas ou sugestões quanto às diretrizes a serem adotadas.

Com tais poderes, o Comitê Executivo pôde impor suas decisões sobre os assuntos internos do Partido em cada país. Outra introdução original foi o monolitismo ideológico, o Partido Comunista da União Soviética, tornando-se um verdadeiro oráculo e seus pontos de vista obrigatórios. Os que fossem contrários a eles – os chamados crimes ideológicos –, além de sofrerem procedimentos inquisitoriais dos autos de fé, eram castigados com a liquidação moral, frequentemente acompanhada de liquidação física.

Em 1941, após a invasão alemã, a Rússia se põe ao lado dos Aliados contra o nazifascismo o que leva a União Soviética, em 1943, por meio da direção da Internacional Comunista, anunciar a todos os partidos comunistas que a Internacional estava extinta.

Canellas no IV Congresso da Internacional Comunista

Canellas, com apenas 24 anos, cheio de alegria e entusiasmo[3], partiu no dia 15 de setembro 1922, da Alemanha para a Rússia. Iria ser o primeiro brasileiro a visitar aquele país depois da revolução de 1917, o primeiro a participar de um congresso em Moscou – o IV Congresso Mundial da Internacional Comunista, entre 30 de novembro e 5 de dezembro de 1922 –, o primeiro a testemunhar pessoalmente que a classe trabalhadora havia chegado ao poder e a sua revolução. Era um exemplo típico dos comunistas brasileiros da época. Anarquista recém-convertido, tinha grande entusiasmo pela propagação das ideias libertárias comunistas, mas não tinha conhecimento teórico sólido doutrinário e muito menos a disciplina partidária[4], que já havia se instalado no movimento.

O terceiro mais importante partido comunista do mundo, o Partido Comunista Francês, criado em 1920, se encontrava em uma disputa entre um grupo liderado Souvarine, mais próximo a

[3] "Eu havia chegado à Rússia com séria disposição para trabalhar. Cheio de ilusões quanto à Internacional tive a excentricidade de tomar a sério os trabalhos do congresso, apaixonando-me pelas questões da ordem dia, redigindo comentários, pareceres, o que, nas circunstâncias, parecia o cúmulo da impertinência, indo ao extremo de pedir a palavra." Antonio Bernardo Canellas – Relatório da Delegacia à Rússia.

[4] Para Otávio Brandão, Canellas é um "espontaneísta", para Astrojildo Pereira um "ativista" ou um pragmático, acostumando a agir individualmente e com espontaneidade.

Trotsky e afinado com a IC. E outro, majoritário e de centro, liderado por Marcel Carchin. Para dominar o grupo de Marcel Carchin, Trotsky inventa a "questão maçônica"[5]. Humbert Droz, amigo e colaborador de Trotsky, em suas memórias relata que:

> *Trotsky teve uma ideia genial para demolir as frações em luta no partido. Fingiu descobrir que numerosos funcionários do PCF eram membros da franco-maçonaria e da Liga dos Direitos Humanos, organizações secretas da burguesia francesa.*

Em nome da Internacional, Trotsky denunciou a existência de ligações entre "*Maçonaria e as instituições do partido, a comissão de publicações, o Comitê Central, o Comitê Federal*" na França.

> *A Liga dos Direitos Humanos e Maçonaria são máquinas da burguesia para desviar a consciência dos representantes do proletariado francês. Nós declaramos guerra impiedosa sobre esses métodos, uma vez que constituem uma arma secreta e insidiosa do arsenal burguês [..] Temos de libertar o partido desses elementos.*

Seguindo essa orientação, o delegado do KPD no 3° Congresso do Partido Comunista Italiano em Roma, referindo-se às Teses sobre a tática comunista apresentados por Bordiga e Terracini, relatou:

> *A incompatibilidade evidente de pertencer ao mesmo tempo para o partido comunista e outra parte aplica-se, não só para os partidos políticos, mas também a esses movimentos que, apesar de seu caráter político, não têm*

[5] "Como muitos dirigentes do centro pertenciam à Maçonaria, os apologistas da esquerda, encabeçados por Trotsky, tiveram a habilidade de enxertar essa questão na ordem do dia, de modo que o "centro" parecesse solidário com o destino dado ao caso. Foi um golpe extraordinariamente hábil". Idem

o nome de organização de um partido [...] aqui em particular a Maçonaria.

Dando continuidade à orquestração, o jornal *Bolchevik* chama os congressistas a dar sua opinião, respondendo a pergunta "Pode um comunista pertencer à Maçonaria?", ao mesmo tempo em que estampava um artigo de Trotsky, que não deixava dúvida qual deveria a resposta a ser dada.

Não podemos deixar de nos envergonhar ao sermos informados de que em um partido comunista existem pessoas que completam a ideia da ditadura do proletariado com a confraternização com os Maçons, dissidentes, radicais, financistas. Se não soubéssemos nada mais do Partido Francês, isto bastaria para afirmarmos como Hamlet: "Há algo de podre no reino da Dinamarca". Pode a Internacional permitir o prolongamento deste escandaloso estado de coisas?

Todos respondem do modo desejado pela Internacional[6], menos Canelllas que, corajosamente e com independência, lembrando de seus amigos, camaradas de comprovado valor nas lutas sociais, Cristiano Cordeiro e Everardo Dias[7], declara:

Considerando que, no terreno moral, só o socialismo utópico e o socialismo sectário tomam posições definidas;

Considerando que o nosso gênero de Socialismo é neutro no terreno moral;

---

[6] "As barbas do centro do PCF já estavam a arder por causa da Maçonaria e os demais delegados acharam por bem pôr as suas, deles, de molho, condenando num mesmo diapasão a malfadada instituição." idem

[7] "E estes militantes desenvolviam de fato um trabalho político de relevo no seio da Maçonaria, sendo os principais canais de ligação, através da confraria, entre os movimentos de revolta da pequena burguesia e os comunistas. Ambos tiveram participação decisiva nas articulações entre "tenentes" e PCB em 1922 e 1924." Michel Zaidan Filho, PCB (1922-1929) Na Busca das Origens de um Marxismo Nacional, pág. 60.

Considerando que a Maçonaria do Rito Escocês, como as demais seitas religiosas, é negócio privado, de ordem moral;

Não me consta que, pelo mundo afora, a Maçonaria tenha tocado a rebate do comunismo. Na Rússia, durante a revolução e guerra civil, os militares da missões estrangeiras pertencentes à Maçonaria se passaram para os bolcheviques. Durante a Comuna de Paris as Lojas Maçônicas tomaram partido dos comunados. Os senadores americanos Maçons estão entre os que defedem o reatamento de relações diplomáticas com a Rússia. Além disso, nosso partido conta entre seus membros com alguns bons camaradas Maçons, cuja ação revolucionária é notável, e decerto não julgará de grande urgência a abertura de uma campanha contra a Maçonaria. Sou, todavia, de opinião que os que porventura ocupem na Maçonaria posição de destaque não poderão ser eleitos para cargos de responsabilidade política no Partido. Tal medida deverá ser extensiva aos camaradas católicos, positivistas, protestantes, israelitas, etc., que ocupem posição de destaque no seio das respectivas seitas.

O editor do *Bolchevik* condena "*o espírito de transigência e tolerância legado brasileiro*".

No dia 4 de dezembro, a "*questão francesa*" foi apresentada em plenário, num discurso de três horas e meia, proferido por Trotsky, em que propunha apoio à linha "*internacionalista*", de Souvarine, contra a "*sindicalista*", a de Marcel. Movido pelo ideal e não pelo desejo de galgar postos e poder, ingenuamente crendo que o Congresso fosse deliberativo, um local de debate e não de imposição[8]; cometeu o sacrilégio de apartear ninguém mais do que o

[8] "Nunca me preveniram que um congresso da Internacional Comunista era uma justa de laureados. Pelo contrário, foi-me dito que era uma assembleia de representantes munidos

poderoso Trotsky, segundo na hierarquia da URSS abaixo somente de Lenin. É Canellas que relata:

> *Eu disse, em aparte, que Trotsky estava fazendo lavagem cerebral nos presentes e logo apareceram pressurosos tradutores que foram comunicar ao Presidum ter eu me referido ao camarada Trotsky com expressões insultuosas, e citavam à boca pequena os insultos em que, por alquimia dos cortesãos, tinha transformado a expressão francesa bourrage de crâne, que eu empregara no sentido de exposição tendenciosa com o fim de encher a cabeça do auditório impressionando-o a favor da causa que no momento ele, Trotsky, patrocinava*[9].

Logo se forma o tumulto, era inconcebível acusar o segundo homem da revolução de manipular e enganar o plenário. Canellas rebate a acusação de ter ofendido Trotsky, mas é orientado para que dê o caso por encerrado, pois nenhum crédito havia sido dado ao mesmo. Tendo dado ou não crédito, imediatamente foi aprovada uma proposta que impedia outros apartes; Canellas vota contra.

A resolução sobre a "*questão francesa*" foi aprovada, condenando os membros do Partido Comunista Francês que eram Maçons. Consta na resolução, no item A francomaçonaria, a liga dos direitos humanos e a imprensa burguesa:

> *A incompatibilidade entre a franco-maçonaria e o socialismo era tido como evidente na maioria dos partidos da II Internacional. O Partido socialista italiano expulsou os franco-maçons em 1914 e esta medida foi, sem dúvida, uma das razões que permitiram o partido continuar,*

---

de iguais prerrogativas, com o mesmo direito de expressão, que se tratasse de doutores de filosofia – como lá havia alguns – ou de simples operários sem cultura superior ou mesmo secundária, como era o meu caso." Idem.

9 Idem

durante a guerra, uma política de oposição, pois os franco-maçons, na qualidade de instrumentos da Entente, atuavam a favor da intervenção.

Se o 2º Congresso da Internacional Comunista não formulou entre as condições de adesão à Internacional, nenhum ponto especial sobre a incompatibilidade do comunismo e a franco-maçonaria, é porque esse princípio figura de uma resolução em separado votada por unanimidade no Congresso.

O fato que se revelara inesperadamente no 4º Congresso da Internacional comunista, a adesão de um número considerável de comunistas franceses às Lojas Maçônicas, é, no entendimento da Internacional Comunista, o mais lamentável testemunho de que nosso partido comunista francês conserva não só a herança psicológica reformista, parlamentar e patriótica, mas também estabelece vínculos bem concretos e comprometedores, por se tratar da cúpula do Partido, com as instituições secretas, políticas e arrivistas da burguesia radical.

Enquanto a vanguarda comunista do proletariado reúne todas as suas forças para uma luta sem quartel contra todos os grupos e organizações da sociedade burguesa em nome da ditadura do proletariado, numerosos militantes responsáveis do Partido, deputados, jornalistas e até membros do Comitê Central conservam estreito vínculo com as organizações secretas do inimigo.

Um fato particularmente deplorável é que o Partido, com todas as suas tendências, não discute esta questão desde o Congresso de Tours, apesar de sua evidente clareza para a Internacional, e foi preciso que aparecesse a luta de fracional dentro do Partido para que surgisse com toda sua ameaçadora grandeza.

A Internacional considera que é indispensável pôr fim, de uma vez por todas, a esses vínculos comprometedores e desmoralizantes da cúpula do Partido comunista com as organizações políticas da burguesia. O erro do proletariado da França exige que o partido depure suas organizações de classe dos elementos que pretenderam pertencer simultaneamente aos dois campos de luta.

O Congresso recomenda ao Comitê Central do Partido comunista francês a tarefa de liquidar, antes de 1° de janeiro de 1923, todos os vínculos do Partido com alguns de seus membros e de seus grupos com a franco-maçonaria. Todo aquele que antes de 1° de janeiro de 1923 não declarar abertamente à sua organização e dado a público através da imprensa do partido sua ruptura total com a franco-maçonaria ficará automaticamente excluído do Partido comunista sem direito a refiliar-se no futuro. O ocultamento de sua condição de franco-maçom será considerado como infiltração no Partido de agente inimigo e recairá sobre este indivíduo uma mácula de afronta pública diante de todo o proletariado.

Considerando que só o fato de pertencer à franco-maçonaria, sem continuar ou não nela, buscando, ao fazê-lo, um objetivo material, arrivista ou qualquer outro objetivo desonroso evidencia um desenvolvimento insuficiente da consciência comunista e da dignidade da classe, o 4° Congresso considera indispensável que os camaradas que pertenceram até agora à Maçonaria e não romperam com ela sejam privados durante 2 anos do direito de ocupar postos importantes no Partido.

Considerando que a liga de defesa dos direitos humanos e do cidadão é, na sua essência, uma organização do radicalismo burguês, que utiliza seus atos isolados contra uma determinada injustiça para semear ilusões e preconceitos da democracia burguesa e sobretudo nos casos mais decisivos e graves, como, por exemplo, durante a guerra, prestou todo seu apoio ao capital organizado em forma de Estado, o 4º Congresso da Internacional comunista considera absolutamente incompatível com a condição de comunista e contrário às concepções elementares do comunismo, pertencer à liga dos direitos humanos e do cidadão, e conclama a todos os membros do partido pertencentes a esta liga a abandonar antes de 1º de janeiro de 1923, fazendo conhecer à sua organização e publicando-o na imprensa.

O Congresso conclama o Comitê Central do Partido comunista francês a:

a – publicar imediatamente sua convocatória a todo o partido, esclarecendo o sentido e o alcance da presente resolução;

b – adotar todas as medidas derivadas da resolução para que a depuração do partido da Maçonaria e a ruptura do tipo de relação com a lista dos direitos humanos e do cidadão sejam efetuadas sem debilidades ou omissões antes de 1º de janeiro de 1923. O Congresso expressa sua convicção de que em seu trabalho de depuração e saneamento, o Comitê Central seja apoiado pela imensa maioria dos afiliados do Partido, qualquer que seja a fração a que pertençam.

O Comitê Central deve confeccionar as listas de todos os

camaradas que, em Paris e na província, fazem parte do Partido comunista onde tenham diversos postos, até de confiança e às vezes colaborem na imprensa burguesa e conclamem estes elementos a optar, antes de 1° de janeiro de 1923, de maneira total e definitiva, entre os órgãos burgueses de corrupção das massas populares e o Partido revolucionário da ditadura do proletariado.

"A Maçonaria, pelos seus Ritos, lembra os costumes religiosos e sabemos que toda religião escraviza o povo". "Por seus estatutos, sua administração e a maneira pela qual são escolhidos seus membros, a Maçonaria não representa senão um processo de infiltração da pequena burguesia em todas as camadas sociais". "A solidariedade, princípio que está na base da Instituição, constitui um obstáculo sério à ação proletária e a liberdade reivindicada pela Maçonaria é uma liberdade de concepção burguesa, oposta àquela da ditadura do proletariado".

Os que insistissem em permanecer na Maçonaria deveriam ser expulsos e aqueles que tivessem sido Maçons, suspensos por dois anos. O Jornal *Humanité*, em 24 de dezembro de 1922, qualifica a Maçonaria de *"chaga no corpo do comunismo (que) é necessário (...) cauterizar com ferro em brasa"*.

Canellas não se dá por vencido e quer discutir a resolução, mas é impedido pela mesa que decide que não haveria discussão[10]. Quando é aberta votação, Canellas, contrariando a orientação da mesa, se levanta e declara seu voto. É ele que relata:

Alguns havia suscetíveis de tomar a defesa do Centro...

---

10 "A ideia que até então sempre fizera de um Congresso era a reunião onde os diferentes delegados gozavam de prerrogativas iguais, sendo dado a cada qual discutir qualquer assunto posto na ordem dos trabalhos e votar segundo seu juízo. Vi, mais tarde, que essa, como muitas outras, é uma verdade relativa, demasiado relativa." Idem

Não quiseram eles, porém, expor-se aos aborrecimentos que tal atitude lhes grangearia. Como a minha situação moral não depende do beneplácito do Executivo da Internacional, nem o material de funções administrativas do Partido, como, sob esse ponto de vista, me encontrava numa privilegiada situação independência, ousei arrostar com a provável hostilidade dos bem-aventurados seguidores do pensamento oficial... o que valeu ser erradamente considerado como conivente com o que ali se deliberara chamar o "espírito centrista". Por um inadmissível espírito de intolerância, não se me permitindo manifestasse da tribuna do Congresso a minha verdadeira opinião. Tendo o Praesidium devesse a Resolução sobre a questão francesa ser aprovada sem discussão, nem sob a forma de voto me seria permitido dizer o que quer que fosse sobre o assunto. Todavia, quando o presidente da Mesa anunciou a votação (!) do parecer que Trotsky redigira, levantei-me e fiz a seguinte declaração de voto:

Considerando que a questão do partido francês foi relatada no congresso de maneira unilateral e tendenciosa;

Considerando que aos delegados que sustentavam opinião diversa do Executivo e da maioria do congresso não foi permitido manifestar seus pareceres;

O delegado brasileiro protesta contra essa prática inadmissível e vota contra as resoluções apresentadas à aprovação do Congresso.[11]

Dos quatrocentos delegados, é o único que vota contra e novamente é implantado o tumulto, com insultos e zombarias contra

---

[11] Idem

um imperturbável Canellas.Trotsky, ironicamente, o chama de "*le phènomene de l'Amérique du Sul*".[12]

Devido à atitude de Canellas, uma Comissão é formada para tratar das diversas questões sul-americanas e, como um verdadeiro tribunal da inquisição, Canellas não é informado da formação dessa Comissão e muito menos convidado a comparecer em suas reuniões. Ela termina por decidir pelo não reconhecimento do Partido Comunista do Brasil e expede a seguinte resolução:

> *O Comitê Executivo da Internacional Comunista, depois de discutido o relatório do representante do Partido Comunista do Brasil, estabelece que este partido não é ainda um verdadeiro partido comunista. Conserva restos de ideologia burguesa, como demonstra a presença da maçonaria entre os militares*[13]*, e é influenciado por anarquistas, o que explica sua estrutura descentralizada e a confusão reinante sobre teoria e tática comunistas. É possível, no entanto, fundar no Brasil um bom e forte Partido Comunista. O núcleo deste novo partido deverá ser formado pelos grupos atualmente existentes.*
>
> *Das ideias do delegado Canellas conclui-se que este camarada não está liberto da confusão ideológica do seu partido.*
>
> *O Comitê Executivo da Internacional Comunista decide:*
>
> *1. O Partido Comunista do Brasil deve ser aceito provisoriamente na IC como partido simpatizante.*

---

[12] O fenômeno da América do Sul.

[13] "Isto não é grave, porque os operários revolucionários do Brasil não encontrariam nessa fenomenal apreciação nada mais do que um motivo de hilaridade. Em tudo e por tudo, há no partido 3 (três) maçons, que só nele entraram no mês de junho último. Sustentar que esses camaradas entretêm no seio do partido restos da ideologia burguesa é lamentavelmente risível. Aliás, esses três maçons não são no partido figuras do primeiro plano, nem mesmo do segundo. Se de fato fosse averiguado (coisa que só como hipótese menciono) que eles entretêm dentro do partido preconceitos burgueses, poder-se-ia excluí-los sem a menor dificuldade." – Idem

2. *A Agência de propaganda para a América do Sul é convidada a trabalhar pela organização do PCB, de acordo com os camaradas brasileiros.*

De volta ao Brasil, em 29 de janeiro de 1923, Canellas se vê em aberto e violento conflito com a direção do Partido Comunista do Brasil, que acaba expulsando-o em 7 de dezembro de 1923.[14]

O Partido Comunista do Brasil só foi reconhecido como membro da Internacional Comunista em junho de 1924.

Por mais forte e sólido que possa parecer, perante o tempo e a História, tudo que não esteja alicerçado na Verdade, ou muda ou é destruido. Vinte e três anos após o imbróglio da "*questão francesa*" no IV Congresso da Interncional Comunista, em 24 de outubro de 1945, Leon Mauvais, em nome do Comitê Central do Partido Comunista Francês, escreve ao Grão-Mestre do Grande Oriente da França declarando que seu Partido

> *decidira admitir maçons desde que declarassem aceitar sua doutrina, conformar-se com suas regras, ações, forma de organização e normas do Partido que aplicará sua própria política e disciplina, em todas as circunstâncias e motivos.*

Ainda em 1945, no Brasil, o secretário do Partido Comunista do Brasil, Luiz Carlos Prestes, emitiu uma circular em que recomendava o ingresso dos comunistas na Maçonaria. Tomando conhecimento de tal orientação, o Grão-Mestre do Grande Oriente do Brasil baixou um decreto determinando maior vigilância no ingresso de novos Maçons e expulsão dos fascistas, nazistas e comunistas.

Com a derrocada do comunismo no final dos anos oitenta, pouco a pouco, começaram a surgir as Oficinas Maçônicas nos países que tinham vivido sob a Cortina de Ferro. No dia de São João

---

[14] A versão dos fatos de Octávio Brandão se encontra no Anexo IV.

do ano 1995, no edifício do Sindicato de Professores de Moscou, sob os auspícios da Grande Loja Nacional da França, procedeu-se à reinstalação da Grande Loja da Rússia, após 173 anos de proibição governamental. Os Maçons russos presentes eram cientistas, oficiais do Exército e da Marinha, jornalistas, escritores, homens de negócios e acadêmicos, representando as quatro Lojas fundadoras: "*Harmonia*" e "*Nova Ástrea*", de Moscou; "*Gamaioun*", de São Petersburgo e "*Lotus*", de Voronezh. A reunião foi presidida pelo Grão-Mestre da França Claude Charbounniaud e logo em seguida foi eleito Grão-Mestre Georgy Dergachov, pessoa muito ligada às autoridades da Igreja Ortodoxa Russa pela sua condição de Professor de Filosofia Religiosa da Universidade de Moscou. Como Grande Secretário foi eleito Vladimir Djangurian. Em 6 de julho de 1996, foi instalado em Moscou o Supremo Conselho de Soberanos Grandes Inspetores-Gerais do Grau 33º do Rito Escocês Antigo e Aceito, estando presentes os Soberanos Grandes Comendadores da Bélgica, Brasil, Turquia, Polônia, Romênia e Irã no exílio. Como primeiro Soberano Grande Comendador de Rússia foi Instalado Vítor Kouznetsov, 33º.

Maçonaria Versus Comunismo

Na "Resolução sobre o *Relatório do Delegado do P. C. B. ao IV Congresso da I. C., Adotada na Sessão de 6.6.1925*[15]", os comunistas brasileiros assim se pronunciam quanto à Maçonaria:

> *A respeito, por exemplo, da questão maçônica, o camarada Canellas, resumindo, no relatório, o que respondeu ao inquérito aberto pelo BOLCHEVIK, emite uma opinião absolutamente inadmissível do ponto de vista do comunismo: aquela, segunda a qual "nosso gênero de socialismo é neutro em moral", e que, em consequência, o Partido pode contar em seu seio, não somente maçons, mas ainda católicos, protestantes, positivistas, israelitas (no sentido religioso). Há nisso um grave erro doutrinário que não admira haja escandalizado o Executivo, pois que também a nós nos deixa escandalizados. O comunismo é uma doutrina científica fundamentalmente materialista, anti-nacionalista, anti-espiritualista e necessariamente incompatível com qualquer doutrina religiosa, moral ou política, baseada em terreno estranho ao traçado pela*

[15] Vide Anexo III.

dialética marxista. Isto é coisa elementar, primária, está no a, b, c, do comunismo. Canellas confundiu deploravelmente a ***doutrina*** *com a* ***política*** *do comunismo em relação á moral e á religião. Um partido comunista pode adotar, em tais ou quais circunstâncias dadas, uma* ***política*** *de tolerância ou temporização perante as massas ainda impregnadas de espírito ou sentimentos religiosos – precisamente porque essas massas não são comunistas no sentindo doutrinário, restrito do termo. Os filiados ao partido comunista, esses, por definição, são materialistas, anti-espiritualistas, anti-religiosos.*

A Maçonaria é uma escola onde, nós, Maçons, procuramos evoluir, aprendendo a corrigir nossos erros, a unir fraternalmente os homens e a tornar feliz a humanidade.

Está em permanente luta contra o egoísmo, contra aqueles que procuram explorar a ignorância das massas, fomentando injustiças e ódios. É radicalmente contra qualquer método de violência, a supressão da livre manifestação do pensamento, o estabelecimento de privilégios de uma classe sobre a outra.

... A Maçonaria não considera esse antagonismo de classes e nem procura sobrepor nenhuma classe sobre a outra, pois não visa classes, mas indivíduos, seres humanos, um a um, que cumpre melhorar sob o ângulo moral, espiritual e econômico.

Embora pareça mais difícil de atingir, mais remoto, o ideal maçônico é mais perfeito e o único que realmente traria uma solução ao problema da sociedade humana, libertando-a de preconceitos e erros acumulados em séculos de incompreensão e barbárie. [16]

---

[16] João Nery Guimarães, Maçonaria Sem Comunismo – Hiram x Marx.

A trilogia Liberdade, Fraternidade e Igualdade encerra a doutrina político-social da Maçonaria. Para a Maçonaria, a Liberdade de consciência é um direito sagrado, bem como a Igualdade e Fraternidade entre raças, as castas ou grupos sociais, não existindo em seu seio nenhum preconceito de cor, raça, nacionalidade ou religião.

Em 1917, Nilo Peçanha, ao assumir o Grão-Mestrado do Grande Oriente do Brasil, sucedendo a Lauro Sodré, tão bem assim a definia:

> *Instituição social que se estende por todos os países e não reconhece as fronteiras que isolam os povos uns dos outros, nem admite os preconceitos de qualquer ordem, étnicos, religiosos, políticos, nem privilégios e prejuízos sociais, que afastam cada homem do seu semelhante, a Maçonaria caminha para a realização de um ideal sublime, que, se é impossível hoje, será alcançado tão mais depressa, quanto maiores forem, por ele, os esforços de nossa dedicação.*

A Maçonaria é fundamentalmente democrática e liberal.

> *Para o seu funcionamento normal, assim como as plantas precisam de oxigênio para viver, a Maçonaria necessita de um clima de liberdade. Ora, a experiência tem demonstrado que somente nas democracias existe a liberdade, o respeito ao indivíduo, a consideração dos valores morais.*[17]

A Maçonaria não é uma sociedade burguesa, se hoje é composta por uma maioria de "burgueses" ou classe média, não é culpa da Instituição. A Maçonaria não considera os homens pelo seu status econômico ou social, somente distingue-os pelo mérito da inteligência e da virtude, qualidades que não são exclusivas de qualquer classe.

---

[17] Idem.

Em filosofia, materialismo é o tipo de fisicalismo que sustenta que a única coisa da qual se pode afirmar a existência é a matéria; que, fundamentalmente, todas as coisas são compostas de matéria e todos os fenômenos são o resultado de interações materiais; que a matéria é a única substância. O materialismo histórico é uma tese do marxismo, segundo a qual o modo de produção da vida material determina, *em última instância*, o conjunto da vida social, política e espiritual.

Segundo o 19º Landmark de Mackey, o mais importante de todos, a crença no Grande Arquiteto do Universo é obrigatória para ser Iniciado na Maçonaria. O comunismo, ao negar a religião, a espiritualidade, a Deus, choca-se com os "*landmarks*"[18] que regem a Maçonaria.

Os Maçons, no interior de seus Templos, encaram o eterno problema metafísico: Donde viemos? Quem somos? Para onde vamos? Nós, maçons, acreditamos na imortalidade da alma, não há conciliação possível entre o comunismo ateu e materialista e o Maçom deísta e espiritualista.

A Maçonaria é espiritualista, acredita em vida além da matéria e daí não passa; deixando a cada um que acredite naquilo que professa a sua religião. O marxismo prega uma nova sociedade, a sociedade comunista, onde viveria um Homem Novo, um Homem Total. Acho que é aí que está o "calchanhar de Aquiles" do marxismo. Não levando em conta o homem como um todo – matéria e espírito – nunca poderá satisfazê-lo, nunca poderá torná-lo feliz.

Parece que Deus tem um fino senso de humor e ironia, pois foi da própria União Soviética, comunista e materialista, que vieram as primeiras provas científicas, através de cientistas que aceitavam os dogmas do materialismo comunista, de vida além da matéria[19]. Em

---

[18] A Maçonaria baseia-se em "Landmarks", princípios basilares e de aceitação universal. Infringir um dos landmarks torna a Obediência automaticamente irregular. Vide Anexo V.

[19] "O raciocínio é simples: Os pesquisadores da 'cortina' não estão presos a dogmas ou tabus emanados de velhas e desgastadas religiões; o seu único dogma é o materialismo e este cairá

1939, Semyon Davidovich Kirlian morava em Krasnodar, capital da região de Kuban, ao sul da União Soviética, e era eletricista. Chamado para consertar um aparelho de alta frequência de eletroterapia no Instituto de Pesquisa de Krasnodar, obvservou uma luminosidade entre a mão do paciente e o elétrodo de vidro. Kirlian e sua esposa, Valentina, professora e jornalista, a partir daí começaram a pesquisar um maneira de fotografar, de registrar, esse fenômeno luminoso; criaram o processo Kirlian, que permite observar a aura "*in vivo*", ou seja, a contraparte imaterial dos seres vivos.

Segundo o livro de Sheila Ostrander e Lynn Schroeder, "*Experiências Psíquicas Além da Cortina de Ferro*", em 1968, na Rússia, os Drs. V. Invushin, V. Grishchenko, N. Vorobev, N. Shouisk, N. Fedorova e F. Gibadulin decobriram, através de equipamentos ópticos conjugados à câmara dos Kirlian, que todas as coisas vivas possuem um corpo físico, constituído de átomos e moléculas, e também um corpo energético equivalente, ao qual deram o nome de "corpo do plasma biológico". Assim o descreveram:

> *Uma espécie de constelação elementar semelhante ao plasma, composta de elétrons ionizados e excitados por prótons e possivelmente de outras partículas. Mas, ao mesmo tempo, esse corpo de energia não são só partículas. Não é um sistema caótico. É um organismo totalmente unificado em si mesmo. Age como unidade e como unidade o corpo energético produz seu próprio campo eletromagnético e constitui a base dos campos biológicos.*

A bioluminescência detectada pelo processo Kirlian é originária deste corpo bioplasma e "a especificidade determina a forma do organismo". E mais, através dessa bioluminescência pode-se

---

por si mesmo quando a evidência esmagadora dos fatos começar a se acumular nos seus laboratórios e na multiplicidade incontrolável da vida, emanação direta de Deus." Reencarnação e Imortalidade, Hermínio C. Miranda.

prever doenças. Em 1920, o cientista russo Dr. Alexandre G. Gurvitch declarava que "todas as células vivas produzem uma radiação invisível", que chamou de irradiação mitogenética.

Na respeitabilíssima Universidade de Kirov do Cazaquistão, em Alma-Ata, biologistas, bioquímicos e biofísicos reuniram-se em torno de um micróscopio eletrônico, onde estava acoplado o equipamento dos Kirlians e viram o "duplo" vivo de um organismo vivo em movimento. Fizeram inúmeras experiências com plantas, animais e seres vivos e chegaram à conclução que o "duplo" é por si mesmo um organismo unificado. Toda essa descrição e de suas funções feita pelos cientistas é idêntica à que médiuns e clarividentes fizeram há centenas de anos ao falarem de "corpo astral", ou "corpo energético", ou "corpo etérico", ou "corpo fluídico" e que os espíritas chamam de "perispírito".

Durante suas pesquisas com o processo kirliano, os soviéticos fotografaram muitas vezes o momento da morte. Quando da morte de uma planta ou animal, foram registrados clarões e fagulhas do corpobioplasmático saindo para o espaço, como que nadando para longe e desaparecendo. Gradativamente se dissipava toda e qualquer luminescência.

Em 1972, uma equipe sueca trabalhava com um moribundo, no qual haviam instalado um espectrógrafo com um dispositivo de dinamômetro acoplado a um osciloscópio, que registra as variações do campo orgânico, ou seja, mede a variação do peso do campo gravitacional da pessoa em que se tenha instalado a aparelhagem. Exatamente no momento da morte, o paciente perdeu um campo cujo peso correspondia a 2,2 dam (decagrama-força), ao mesmo tempo em que o campo bioenergético declinante detectado pelo osciloscópio continuava mostrando-se ativo no cadáver.

Isso evidencia que o campo de vida abandonou o corpo no momento da morte, mostrando ser independente das funções celulares orgânicas que continuaram ativas no corpo sem vida. Concluiu-se também que o indivíduo possui dois campos distintos:

um vital – que corresponde ao conceito religioso de alma – e que deixa o corpo no momento exato da morte; o outro campo *vegetativo*, *celular*, que ainda se mantém pulsante, durante algum tempo, em consequência das energias celulares que permanecem ativas, fenômeno chamado *histerese*, até que essas células se extingam. Isso contraria qualquer tese materialista de que a vida seja mero produto orgânico.

Nos anos 1960, o jornalista inglês Theo Lang, que havia ido à Tchecoslováquia investigar pesquisa do psi realizada pelos tchecos, declarou assombrado:

> *Físicos, fisiologistas, bioquímicos e outros cientistas tchecos que entrevistei pareciam aceitar cabalmente outro mundo – um mundo de espíritos, fantasmas e trasgos, e acreditar que poderiam investigá-lo e traçar-lhe o mapa.*

Portanto, o materialismo vem sendo questionado e destruído há muito tempo e não pelo Ocidente, mas pelos próprios países comunistas e em especial pelo seu berço, a União das Repúblicas Socialistas Soviéticas.

Na verdade o comunismo é uma bela utopia – onde a sociedade não mais seria dividida em classes, onde não mais existiria o Estado, onde todos os homens seriam iguais e poderiam desenvolver plenamente suas potencialidades – que nunca se realizou. Na União Soviética a revolução socialista se desvirtuou, transformando-se em uma revolução tecnoburocrática. Essa nova classe, que pode ser chamada de burocracia ou tecnoburocracia, se definiu em termos das novas relações burocráticas de produção que se tornaram dominantes na União Soviética. O regime pretensamente socialista da União Soviética começou a ser desmascarado, se não quisermos voltar aos processos de Moscou nos anos 30, com a invasão da Hungria em 1956 e a da Tchecoslováquia, quando da chamada Primavera de Praga, em 1968, e sua brutal repressão. Também as denúncias dos disssidentes e o fenômeno Soljenitsyne contribuíram para a dessacralização da União Soviética. Enquanto a democracia, exclusivamente burguesa no início, em grande parte dos países capitalistas já é fruto da luta de muitos trabalhadores, que a incluem em suas conquistas; a ditadura do proletariado só serviu de desculpa para a tomada do poder por tecnoburocracias totalitárias.

Biografias

ANTONIO BERNARDO CANELLAS

Antonio Bernardo Canellas nasceu em Niterói, a 18 de abril de 1898. Poucas são as informações do início de sua vida. Tinha apenas o primário e ainda adolescente já o encontramos trabalhando ao lado de Astrojildo Pereira, no Rio de Janeiro, na imprensa libertária. Em dezembro de 1915, com apenas 17 anos, está em Viçosa, interior de Alagoas, para, juntamente com outros companheiros, trabalhar na organização sindical em Alagoas e Pernambuco. Como editor-chefe lança, em 17 de janeiro de 1916, o jornal "*Tribuna do Povo*", onde faz campanha contra a guerra, divulga autores anarquistas e denuncia injustiças. Incansável, exercia todas a funções no jornal: redator-chefe, repórter, linotipista, contato publicitário, redator das propagandas, etc. Como o jornal não lhe garantia sua sobrevivência, tinha outro emprego fora. O jornal durou um ano, com 18 edições, de 17 de janeiro de 1916 a 17 de janeiro de 1917, e, segundo o editorial de Canellas no último número, o jornal fechava porque os poderosos locais não estavam contentes com sua campanha contra a guerra e a defesa do pacifismo.

Incansável, duas semanas depois, juntamente com Otávio Brandão, em 30 de março de 1917, está editando em Maceió o jornal "*Semana Social*", combativo e na mesma linha editorial da "*Tribuna do Povo*". Astrojildo Pereira colabora com o jornal, enviando artigos e notícias do Rio de Janeiro. No número 26, de 03/11/1917, quando o Brasil entrou na guerra, Canellas escreveu um virulento artigo intitulado "*Abaixo a Guerra Imperialista*", que provocou violenta reação na população. É Octávio Brandão que conta:

> *Prevendo as perseguições, convidei Canellas, o dirigente do jornal, a partir para o interior. Prudentemente seguimos separados e tomamos o trem na estação de Bebedouro, e não na inicial. Fomos para a Quinta do Paraíso, em Viçosa, o lar de minha irmã. Mal chegou, Canellas decidiu voltar a Maceió. Opus-me categoricamente. Ele não me atendeu e partiu. Foi ao local da redação e deitou-se tranquilamente.*
>
> *Milhares de patrioteiros, estudantes e empregados no comércio, instigados por agentes do imperialismo anglo-francês, realizaram um comício e uma passeata, e dirigiram-se à redação do jornal. Gritavam furiosamente: – Matar Canelas. Canellas espião boxer! Quebrar as costelas de Octávio Brandão!*
>
> *Canelas foi acordado por umas vizinhas, escondeu-se numa casa contígua e escapou de ser linchado.* [20]

Não podendo mais ficar em Maceió, vai para Recife.

Em Recife trabalha como revisor do "*Diário de Pernambuco*", até 1919, quando, na companhia de Cristiano Cordeiro, edita a "*Tribuna do Povo*", órgão da Federação de Resistência das Classes Trabalhadoras. Cristiano lembra que ele era um asceta moderno, encarapitado na água-furtada de um sobrado antigo,

---

[20] Octavio Brandão, Combates e Batalhas – Memórias 1º Volume.

franzino, entregue de corpo e alma ao incansável labor de redator e tipógrafo da Tribuna.

Em 21 de janeiro de 1919, Canellas faz sua primeira viagem à Europa, como representante da Federação Pernambucana na I Conferência dos Sindicatos Anarquistas, em Amsterdã, e Cristiano Cordeiro o substitui à frente do jornal. Canellas só conseguiu autorização para viajar por interferência do chefe de polícia que, apavorado com seu projeto de criar escolas anarquistas para os filhos dos trabalhadores, preferiu vê-lo longe da cidade e do Estado. Em Paris é impedido pelo governo francês de seguir para a Holanda. Escreve vários artigos para a imprensa operária brasileira: a questão do Fiume, entre a Itália e Iugoslávia; critica a Conferência Internacional dos Trabalhadores organizada pelo governo para esvaziar iniciativas dos trabalhadores anarquistas. Por falta de recursos financeiros, volta ao Brasil em 06 de setembro de 1919.

De volta, escreve o "*Relatório da Viagem à Europa realizada por Antonio Canellas, em Missão da Federação de Resistência das Classes Trabalhadoras de Pernambuco, 21 de janeiro a 6 de setembro de 1919*". Nesse relatório, revela-se, como muitos anarquistas em todo o mundo, ingênuo, ignorante e confuso, quanto à revolução russa. Afirma que "*o marxismo se transformara sob efeito do anarquismo russo*"; quase nada mais havendo nele de marxismo, que "*a ditadura do proletariado seria temporária porque não havendo burguesia, não havia sobre que exercer a ditadura*". Dizia mais, a Internacional Comunista baseava-se "*mais em princípios do anarquismo que do socialismo parlamentar*".

Em 25 de janeiro de 1920, Canellas está no cais do Recife, juntamente com outros companheiros, para receber Everardo Dias, em retorno de sua viagem forçada à Europa. Foi um dos oradores e iniciou-se ali uma grande amizade. Canellas lança-se num projeto de fundação de um núcleo educativo libertário, no sistema Ruche de Sebastien Faure, que denomina A Colmeia, no Brasil, e traduz dois folhetos de Faure: "*Como se deve Educar*" e "*La Ruche*".

Nessa campanha viaja por vários estados, faz conferências e edita brochuras. "*A Ruche tem por fim promover a educação técnica, moral e intelectual dos filhos dos trabalhadores – esse pequenos seres que mais tarde terão que continuar a obra revolucionária dos seus pais, tornando-a mais sólida e mais humana.*" Nessas viagens concientiza-se que falta ao movimento operário brasileiro organização, centralização e contato com organizações internacionais, em especial a III Internacional Comunista.

Em setembro de 1920, larga tudo e parte com destino a Moscou, mas novamente se vê impedido em Paris. A Rússia, além de estar sob guerra civil, estava sob severo bloqueio dos países ao seu redor. Dois meses depois, sem dinheiro, sob o pseudônimo Guarany, inicia colaboração na imprensa operária francesa, no "*Temps Nouveaux*", o mais famoso jornal anarquista da época, escrevendo o artigo "*Dans L'Amérique du Sud*", onde rebate afirmações de Samuel Gompers, sobre o sindicalismo sul-americano. Em março de 1923, recebe honroso convite para participar, juntamente com os mais famosos anarquistas da época, de uma edição especial em homenagem a "*Kropotkin*". Colabora com um texto curto, assinado com seu próprio nome. Em outro texto para a "*Revue du Travail*", sobre o sindicalismo em Portugal, faz uma ardorosa defesa do bolchevismo. Canellas já era considerado por seus companheiros brasileiros o maior especialista em assuntos internacionais.

Meses depois, se apresenta ao Partido Comunista Francês, para um vaga de linotipista em Moscou. Inicialmente tem seu pedido recusado, devido a seus artigos publicados nas revistas francesas. Alega que os havia escrito quando recém-chegado a Paris, quando ainda militava no anarquismo, mas que havia feito a defesa do bolchevismo e, matreiramente, pede que seu caso seja examinado por Pierre Monatte e Alfred Rosmer, líderes do Partido Comunista Francês, também de origem anarquista. Teve seu nome aprovado, mas as edições não seriam mais feitas em Moscou, portanto não haveria necessidade de um linotipista.

Através de constante correspondência com Astrojildo Pereira, Canellas toma conhecimento do que se passa no Brasil, sobre a criação do Partido Comunista Brasileiro e sobre a escolha de seu nome para a Comissão Central Executiva, como representante do Partido no IV Congresso da Internacional Comunista. Pouco tempo depois, entusiasmado, envia artigos para o "*Movimento Operário*", atacando os anarquista Emma Goldman e Alexander Berckman.

Após a crise causada por sua participação no IV Congresso da Internacional Comunista em Moscou, deixa o partido e publica o seu relatório. Canellas se viu violentamente atacado de maneira vil e mentirosa, por uma publicação do partido, "*O Processo de um Traidor - O caso do ex-comunista A. B. Canellas*", escrito por Astrojildo Pereira e Octávio Brandão.

> *A questão está para nós morta e liquidada, como liquidado e morto para o movimento revolucionário está Bernardo Canellas, traidor indigno e vil. Mas é necessário dissecar este cadáver. É preciso desnudá-lo, rasgar-lhe o couro mau, desfibrar-lhe as carnes ruins, pôr-lhe as vísceras ao sol, espremer-lhe o fígado esgorgitado de torpezas. Temos o punho rijo e o ferro de qualidade.*

Canellas, como era de seu feitio, não se entrega e meses depois, juntamente com Everardo Dias, editava o jornal clandestino "*5 de Julho*", que se tornará o mais importante na resistência ao governo de Artur Bernardes. Nessa época, Everardo o descreve como muito inteligente, irrequieto, comunicativo, pilhérico, mordaz, voluntarioso, independente, abnegado, estudioso dos problemas sociais de seu tempo, e dotado de uma franqueza que às vezes beirava a ingenuidade.

> *Nossa convivência era um polemicar ininterrupto sobre teorias e métodos de luta, arte, filosofia, política. Esse era o Canellas que comigo conviveu vários anos, talvez os mais agitados dias de sua vida.*

Em 24 de maio de 1924, em "*A Pátria*", denuncia a prisão de 140 anarquistas na Rússia. Em 1926, o "*5 de Julho*" começa a circular legalmente, até o final dos anos 20, quando deixa de circular e volta a ser editado em 1930. Desiludido com Prestes e com os tenentes, põe-se em franca oposição ao governo Getúlio Vargas. Veio a falecer em 1936, em Niterói, com apenas 38 anos.

Cristiano Coutinho Cordeiro

Cristiano Coutinho Cordeiro nasceu em maio de 1895, na cidade de Limoeiro, Pernambuco. Desde muito cedo engajado na política, é ele que nos conta.

> *Quando eu tinha 12 anos de idade presenciei um fato que me marcou para o resto da vida e que significou, sem dúvida, o meu despertar para a questão social. De férias num engenho de açúcar da minha madrinha Iaiá, perto do Recife, acompanhava-a num passeio vespertino pelos arredores da casa-grande quando um velhinho, metido numa roupa feita de açúcar, cruzou à nossa frente, saudou-nos, como era costume, com as "ave-marias" e ultrapassou a porteira. Vi então minha madrinha, encolerizada, destratar o velho por seu atrevimento de vencer a porteira sem esperar que nós o fizéssemos primeiro. Suas palavras ficaram nos meus ouvidos durante noites em que passei em claro, e do incidente eu me lembraria mais tarde, quando comecei a me interessar pelos problemas da classe operária.*[21]

---

[21] Depoimento a Ricardo Noblat, Memória & História Nº 2, Cristiano Cordeiro, publicada originalmente no *Jornal do Comércio*, Recife-PE.

O jovem, com então 17 anos, lança um dos primeiros órgãos de defesa dos operários e trabalhadores do Recife, o jornal **"*A Hora Social*"**, que mais tarde se transformaria no porta-voz da Federação de Trabalhadores de Pernambuco.

Ao entrar na Faculdade de Direito de Recife aos 18 anos, o jovem Cristiano Cordeiro, um pequeno burguês funcionário do Tesouro Estadual, hoje Secretaria da Fazenda[22], entra em contato com outras ideologias: o positivismo, evolucionismo e o monismo.

> *Conheci líderes operários portugueses e espanhóis, e um deles, o estucador José dos Santos, me emprestou livros sobre o anarquismo. Cheguei a participar de uma passeata durante uma greve de empregadas de fábrica de cigarros, eram conhecidas como as cigarreiras*[23].

Aluno do Dr. Joaquim Pimenta, foi muito influenciado pelo "*pimentismo*". Era um adepto do anarquismo, leitor de Jean Grave, Sebastião Faure e do russo Pedro Kropotkin.

Quanto a sua correção em relação a seu cargo de funcionário público, temos o seguinte relato:

> *[...] Cristiano, em dada ocasião, vendo seu nome de funcionário público incluído numa lista para promoção – doces tempos, em que comunistas notórios podiam ser funcionários do Governo! –, solicitou uma audiência ao*

---

[22] "Pela porta estreita do concurso, e não pela larga e automática do pistolão, entramos, em 1914, no Tesouro do Estado. Era então governador do Estado o General Dantas Barreto, que respeitou escrupulosamente a ordem de classificação dos candidatos. Fui cientificado do fato, com surpresa, pelo noticiário dos atos oficiais.
Daí por diante, longa e penosa foi a caminhada. Durante oito anos a fio marcamos passo como 3° escriturário. Já por essa época não fazia segredo de minhas simpatias pelas ideias socialistas. E era sem rancor, antes com certo prazer íntimo, que sabia ser o meu humilde nome sistematicamente omitido nas listas de promoções." – Em Torno de uma Polêmica, Memória & História N° 2, Cristiano Cordeiro, escrito em maio de 1926, em resposta a uma série de artigos, sob o título: "*Minhas Traições*", publicada por Joaquim Pimenta, através do *Diário do Povo*, contra o autor.

[23] Depoimento a Ricardo Noblat, Memória & História N° 2, Cristiano Cordeiro, publicada originalmente no *Jornal do Comércio*, Recife-PE.

Secretário da Fazenda e quando este pensava que o chefe do PC ia pedir por seu acesso na carreira do funcionalismo, numa lista de muitos, ouviu boquiaberto de Cristiano que, entre tantos colegas, seu nome era um dos menos indicados. Havia outros que mereciam a promoção, por sua experiência no trabalho, mais do que ele. [24]

Em 1919, quando deflagrada a greve dos operários da Pernambuco Tramways por aumento de salário e a recusa dos gerentes da empresa em receber o comitê de greve, é que Cristiano Cordeiro sugere que se convide o professor Joaquim Pimenta para assessorar, juridicamente, a comissão negociadora. Ambos eram intelectuais pequeno-burgueses (um, funcionário do Tesouro estadual, e outro, professor da Faculdade de Direito). Ambos eram membros da Maçonaria – que alimentará muitas conspirações pequeno-burguesas contra o regime político da Primeira República. E sob esse aspecto, a Maçonaria funcionará como canal organizativo informal por onde se articularão reformistas e revolucionários na tentativa comum de subverter a "politicalha burguesa" da República Velha. A partir daí, a influência de Pimenta só tenderá a aumentar, empalmando, a seguir, a direção do movimento operário pernambucano. A pedido do comitê de greve, Cristiano, que dirigia o jornal, fez um número especial do jornal *Tribuna do Povo*. Joaquim Pimenta mostra-se um populista e Cristiano rompe com ele.

Em 25 de janeiro de 1920, Cristiano Cordeiro está no cais do Recife, juntamente com outros companheiros, para receber Everardo Dias, em retorno de sua viagem forçada à Europa. Foi um dos oradores e iniciou-se ali uma grande amizade. Nos três dias em que ficou no Recife, Dias foi homenageado em reuniões de sindicato e ficou hospedado na casa de Cristiano, diretor de uma escola

---

[24] Paulo Cavalcanti – O Caso Eu Conto, Como o Caso Foi - Da Coluna Prestes à Queda de Arraes (Memórias).

do sindicato de resistência dos trabalhadores. Nesta escola nada convencional Cordeiro dava aulas de educação primária e de ideias políticas aos operários, onde formou futuros líderes comunistas.

No dia 23 de março de 1920, durante a greve dos operários da Great Western, Cristiano Cordeiro participou, como orador, na sede d' "*A Hora Social*", de um concorrido comício.

Nas comemorações de 1º de Maio de 1920, no Teatro Santa Isabel, em sessão promovida pela Federação das Classes Trabalhadoras, Cristiano Cordeiro foi um dos oradores.

Em carta publicada em "*A Hora Social*", de 5 de junho de 1920, os componentes do Centro de Estudos Sociais, entre eles Cristiano Cordeiro, defendem-se "*dos ataques insultuosos que lhes dirige um grupo de combatentes*". Referia-se a Canellas, que estava em confronto com Pimenta.

É nesse ambiente de grande efervescência política que Cristiano se junta a um grupo de amigos simpatizantes das ideias marxistas – entre os quais o estudante de Direito Manoel de Souza Barros, o pequeno comerciante José Cavalcante, o carroceiro Joaquim Francisco e outros – para estudar a doutrina marxista, e funda o Centro de Estudos Sociais. Daí, em sua casa, na Rua da Concórdia, em 1º de janeiro de 1922, fundaria o Grupo Comunista de Recife, depois comitê estadual do PCB. A ata foi assinada por cerca de 35 pessoas, ficando acertado que Cristiano seria o delegado de Pernambuco no encontro para a criação do PCB. Sua composição era a mais heterogênea, com anarquistas, anarcossindicalistas, espíritas, Maçons, operários e artesãos de ideologias diferentes, porém que se congregavam em torno do marxismo-leninismo. Em 1979, era assim que Cristiano Cordeiro se definia.

> *Era, como ainda o sou hoje, filosoficamente um anarquista. Mas não dogmático. Nunca serei dogmático em questão alguma. Anarquismo, socialismo e comunismo não se constituiriam para mim em matérias de fé, mas sim*

em contribuições do espírito humano na busca de uma ordem social mais justa.[25]

Em 17 de janeiro de 1922, Cristiano pronuncia uma conferência, intitulada "*Doutrina Contra Doutrina*", no Instituto de Ciências e Letras. Em meados de março de 1922, Cristiano chegava ao Rio para participar do congresso de fundação do PCB. Como em um filme de espionagem, ele e Astrojildo, que não se conheciam, combinaram que da murada do navio ele abriria o jornal *A Hora Social* e Astrojildo, no cais, o *Spartacus*. Foi ele que secretariou o Congresso.

É nesse contexto que, a partir de suas atuações no Partido Comunista do Brasil, se consolidará o mito da figura de Cristiano Cordeiro. Tornou-se uma das principais lideranças no estado de Pernambuco na década de 30, granjeando grande respeito por parte dos trabalhadores e uma liderança inconteste, que chegou a ser legendária. A escritora Raquel de Queiroz se refere a ele como "*A lenda do Nordeste*". Surgiu até o fenômeno que chamaram de "*Cristianismo em Pernambuco*", que era não se tomar nenhuma deliberação sem antes ouvir a Cristiano Cordeiro. Num desses desencontros entre a orientação do PCB e de Cristiano, a direção do partido mandou um observador para Pernambuco que, ao regressar, fez a seguinte observação em forma de trocadilho: "*Em Pernambuco, há um fenômeno novo no Partido Comunista: O Cristianismo*".

Eis um pitoresco caso ocorrido. Um agente do Partido Comunista do Brasil, vindo do Rio de Janeiro, solteiro, frequentou as pensões do "baixo meretrício", contraindo doença venérea. Sem condições de arcar com o tratamento, pede auxílio a Cristiano, que leva o caso à direção do partido em Pernambuco. Um dos participantes da reunião admoestou Cristiano:

– Camarada Cristiano, desde quando a gonorreia faz parte do programa da Revolução?

---

[25] Idem.

Mansamente, mas com sabedoria, respondeu Cristiano:

– A gonorreia realmente não faz parte, mas os blenorrágicos fazem.

No *Movimento Comunista,* de agosto-setembro de 1922, publica o texto "*Guerra de Classes e Democracia*". No número de outubro de 1922, publica "*A Agonia da Áustria e o Caos Europeu*". Em 16 de outubro de 1923, em *A Província,* de Recife-PE, publica "*Oliveira Lima e a 'NEP'*", em resposta ao artigo escrito por Oliveira Lima: "*O Lado Bom do Bolchevismo*", publicado em *O Paiz,* em 19 de setembro de 1923. Em maio de 1926 escreve "*Em Torno de Uma Polêmica*", em resposta à série de artigos, sob o título "*Minhas Traições*", publicada por Joaquim Pimenta, através do *Diário do Povo,* contra Cristiano.

Em 1925, ocorre o *Caso dos Doze da Rua Velha*, um grupo de tenentes, fugidos do Levante de 5 de Julho, mais conspiradores do Recife, entre eles Cristiano Cordeiro, planejavam um levante. As reuniões se dão no número 169, da rua Velha, Boa Vista. A ação armada, prevista para os dias 13 ou 14 de abril de 1925, foi abortada com a traição do tenente da polícia, Luiz Gonzaga. A casa da rua Velha é invadida por 50 soldados da força pública. Há prisões, apreensão de armas, dinamites e fardas do exército. A essa altura, um Manifesto ao Povo já havia sido distribuído nas redações dos jornais, assinado, não só pelos elementos de Pernambuco, mas também por nomes como: Luiz Carlos Prestes, Isidoro Lopes, Miguel Costa e Assis Brasil. No Manifesto constava texto pedindo o

> *amparo e proteção à velhice, assistência hospitalar e doméstica, debelação dos males que dizimam as populações rurais e urbanas, remoção das causas promotoras da carestia de vida, garantia de trabalho e da economia nacional, fomento e circulação das riquezas, independência da Justiça, organização da instrução pública, profissional e técnica, gratuita e obrigatória, liberdade de reunião, de*

pensamento, de voto e de crença, equilíbrio dos orçamentos governamentais e responsabilidade administrativa.

São denunciados na Procuradoria-Geral da República doze conspiradores: capitães Severino Gamboa Cardim, Cirne de Azevedo e Indalício Cavalcanti de Albuquerque; Carlos Afonso de Melo, Edmar Lopes, Cristiano Cordeiro, Severino de Siqueira Cavalcanti, Gastão da Silveira, Pedro de Holanda, Francisco Toscano de Brito e Sílvio de Guimarães Cravo. Foram logo depois postos em liberdade, por habeas-corpus, e despronunciados por falta de provas.

O tenente Cleto Campelo, que veio de São Paulo, do 21º Batalhão de Caçadores, em vez de combater os tenentes, adere à conjura e entra na clandestinidade. Seu objetivo era formar uma coluna e se juntar à Coluna Prestes. É Cristiano que relata:

> *Visitei o Tenente em seu esconderijo de um bairro do Recife. Ele estava vivendo confinado num quarto, impaciente, querendo se articular para empreender sua aventura. Então, aproximei-o de elementos do PCB e de operários que atuavam em sindicatos.*[26] *Sempre achei – e daí minha ajuda ao Tenente – que deveríamos, também, trabalhar com a pequena burguesia e que movimentos liberais poderiam representar um passo à frente em termos de política. Por isso, já em 1926, eu colaborava com a revolução que rebentaria em 30.*[27]

A rebelião estava marcada para 9 de fevereiro de 1926, o comando da 7ª Região Militar foi avisado e civis foram presos, inclusive Cristiano Cordeiro. A coluna de Cleto é dizimada, sendo o tenente Cleto Campelo morto num ataque à Delegacia de Polícia de Gravatá-PE.

---

[26] Idem.
[27] Idem.

Em 24 de agosto de 1927, Cristiano publica *Adeus a Sacco e Vanzetti,* no jornal *A Noite,* em Recife.

Quando das conspirações para o movimento de 30, Cristiano Cordeiro consulta o Partido sobre qual a posição a ser tomada pelos comunistas pernambucanos, e se deviam ou não participar dela. A direção nacional do PCB respondeu que os comitês estaduais agissem segundo o bom senso. A partir daí Cristiano participou ativamente da conspiração.

> *Na construção dessas relações entre o 'tenentismo', os comunistas e o movimento operário, a Maçonaria vai desempenhar, mais uma vez, o papel de meio organizativo informal por onde se processam vãs articulações entre reformistas e revolucionários.*[28]

Por essa época, Cristiano, que já era cogitado para candidato a deputado federal, foi convidado a se encontrar com Carlos de Lima Cavalcanti, um dos líderes da conspiração e que em 30 seria nomeado interventor em Pernambuco. Nesse encontro Carlos Lima perguntou a Cristiano com quantos homens poderia contar. Cristiano respondeu que não poderia falar pelos seus companheiros de partido, mas que com ele poderia contar. Cristiano passou a participar ativamente da conspiração, inclusive, hospedando vários tenentes que vinham ao Recife conspirar. Foi indicado por Carlos Lima, para ser redator-secretário do *Diário da Manhã.*

Seu papel é muito bem expresso nas linhas escritas por Eduardo Mafei, no seu livro *Vidas Sem Norte, Um Romance do Tenentismo*:

> *Quando Pessoa*[29] *fugiu do quartel, resolveu, espontaneamente*

---

[28] Michel Zaidan Filho, Notas Sobre as origens do PCB em Pernambuco: 1910-1930, Memórias & História Nº 2, Cristiano Cordeiro.

[29] Sargento José Pessoa – Nota do autor.

assaltar esse depósito de munições. [30] *Lá chegando já encontrou em ação Muniz de Farias*[31] *com seu grupo, que o antecedera, também por iniciativa própria. Em pouco tempo aquela enormidade de petrechos achava-se em mãos revolucionárias, desfalcando logisticamente os governamentais. Muniz de Farias tinha sob seu comando gente decidida, mas pouca, com um poder de fogo brutal. Faltava-lhe homens. Que, entretanto, historicamente, lhe foram proporcionados por um outro comandante, um líder de trabalhadores, "...um pernambucano, integridade feita gente, e que se transformou em História com H maiúsculo: Cristiano Cordeiro".*

Como dirigente partidário estadual, encaminhou a agitação popular pró-Aliança Liberal. Dessa forma as classes trabalhadoras do Recife, quando o movimento eclodiu, achavam-se conscientemente ao seu lado. Assim que, depois da tomada do arsenal, quando Muniz de Farias pôs-se a armar a população, recebeu calorosa e decidida acolhida, transformando o que começara como ação audaciosa de pequenos grupos em insurreição popular.

Em agradecimento, o movimento vitorioso, por exigência dos usineiros junto a Lima Cavalcanti, Cristiano foi afastado do cargo de redator-secretário do *Diário da Manhã* e, por causa de uma greve de padeiros em novembro de 1930, acusado de ser o inspirador, foi um dos primeiros a ser preso.

Tendo sido vetado pelo Tribunal Eleitoral, a participação do Partido Comunista do Brasil, nas eleições para a Assembleia Nacional Constituinte de 1933, eles se abrigaram na legenda "*União*

---

[30] O principal arsenal de guerra do Nordeste que se encontrava em Soledade – Nota do autor.

[31] Oficial reformado da Polícia Militar, que em outros tempos comandara a caça à Coluna Prestes, agora era tenentista. – Nota do autor.

Operária e Camponesa". É por essa legenda que, no dia 1º de maio de 1933, o Teatro Santa Isabel se encontrava abarrotado, com gente se aglomerando na entrada, na Praça da República, para ouvir os representantes da chapa *"Trabalhador, ocupa teu posto!"*, que ficou conhecida como a chapa proletária, formada pelo gráfico Antônio Camillo, o ferroviário José Atanazio, o funcionário da Ferro Carril Pernambuco Tramways José Clodoaldo e o orador principal, o funcionário público Cristiano Cordeiro. Com sua voz rouca, mas audível, ele nunca fora um orador de palavra fácil e empolgante, mas sensibilizava os auditórios pela firmeza e serenidade de sua argumentação. Usando uma linguagem fácil, entendida mesmo para os não alfabetizados ou semialfabetizados, Cristiano discorreu sobre todos os pontos do programa da chapa, causando grande euforia nos espectadores, que sentiam que, pela primeira vez, tinham verdadeiros representantes da classe operária. O programa, aprovado pelo comitê regional, constava de temas como as secas, o divórcio, a preservação do indígena brasileiro e a questão social. A chapa foi majoritária no Recife, com Cristiano sendo o mais votado na contagem geral, com 3.032 votos. Apesar da vitória, não conseguiu ocupar sua cadeira constituinte, pois teve seu mandato depurado, pela anulação de duas urnas.

É desta forma que o escritor e membro do Partido Comunista do Brasil Paulo Cavalcanti descrevia a figura de Cristiano Cordeiro:

> *Cristiano Coutinho Cordeiro é o Partido andando nas ruas do Recife – ereto, digno, afável, o coração aberto, a consciência límpida, a sensibilidade sofrendo com as dores do mundo, mas os sonhos de revolucionário se materializando a cada manchete de jornal, na dinâmica do processo de ascensão do socialismo.*

Já Octávio Brandão, em suas memórias, cheias de amargo ressentimento por julgar que seu valor e militância não foram devidamente reconhecidos, assim descreve Cristiano:

> *Cristiano Cordeiro foi professor, bacharel, pequeno funcionário público no Recife. Militante devotado, mas sectário. Sofreu perseguições. Continuou maçom, mesmo depois de ser membro da CCE. Foi prestista. Manteve ligações com o representante da Coluna Prestes no Nordeste, o usineiro Lima Cavalcante, que se tornou interventor de Getúlio Vargas em Pernambuco. Cristiano abandonou o PCB depois de 1930. Não concordou com a linha política de Revolução Soviética imediata.* [32]

Em 1934, Cristiano se encontrava afastado das tarefas e da vida do partido, para cuidar de sua filha, Olina, que morria de tuberculose. Foi procurado por Silo Meirelles, lhe informando que a direção do partido reunida em Moscou, inclusive Prestes, haviam decidido fazer um revolução. Cristiano foi radicalmente contra, mostrando o quanto eram fantasiosas as informações dos relatórios e que não havia a mínima condição de que um movimento comunista saísse vitorioso. Por sua atitude crítica, da qual nunca abriu mão, Cristiano foi criticado e até chamado de "Madalena Arrependida".

Mesmo sem participar da Intentona Comunista de 35, foi preso, para ser solto três meses depois, com as autoridades reconhecendo que ele não teve participação no movimento.

Nas eleições municipais de 1936, a chapa *"Trabalhador! ocupa teu posto!"* volta à disputa eleitoral, elegendo três vereadores: Cristiano Cordeiro, Chagas Ribeiro e João Bezerra de Lima. Cristiano, sozinho, teve mais votos que os 17 candidatos integralistas. No dia da posse, 15 de agosto de 1936, no Liceu de Artes e Ofício, houve sérios tumultos, com agressão física, por haver Cristiano Cordeiro feito referências a Lenin.

Em novembro de 1936, foi preso novamente. Durante esse

---

[32] Octavio Brandão, Combates de Batalhas, Memórias, 1º Volume.

período na prisão, recebe a notícia da morte de sua esposa, o que quase o levou à loucura.

Em 1939, depois com a instalação da ditadura do Estado Novo, os comunistas foram cassados e Cristiano era novamente preso; já era a sua 36ª prisão. Foi deportado para Santos, lá lecionava em dois colégios e foi revisor do jornal *Diário de Santos.*

Em 1941, após apresentação do deputado federal Domingos Velasco, foi recebido pelo interventor de Goiás e Maçom, Pedro Ludovico Teixeira[33] e efetivado professor em Goiânia. Rebatendo as críticas quanto a sua tolerância, Pedro Ludovico, jocosamente, citava Euclides da Cunha: "*Goiás e Mato Grosso são a Sibéria Canicular do Brasil*". Em Goiânia, foi diretor da Biblioteca Pública, primeiro presidente da União Brasileira dos Escritores – UBE – Secção Goiás e colaborou com jornais. Como presidente da Liga pela Anistia de Goiânia, esteve com Prestes, no Rio, quando estava preso.

Em 8 de dezembro de 1944, Cristiano Cordeiro, escolhido como paraninfo da primeira turma de contadores da Escola Técnica de Comércio de Goiânia, pronuncia o discurso *Moral e Economia.*

Em 1946, profere o discurso *PCB de Goiás na 1ª Abertura: 1945-1946*, a convite do Comitê Municipal do Partido Comunista do Brasil de Goiânia, quando da 1ª reabertura política. Nesse mesmo ano, recebe a notícia que fora expulso do PCB, pela sua posição perante a intentona. Essa decisão foi anulada em 1976, por decisão autocrítica unânime do Comitê Central, considerando-a absurda. Ainda em 1946, quando da visita de uma caravana de acadêmicos de São Paulo, para entrega da Estátua do Anhanguera, coube a Cristiano Cordeiro fazer um discurso de boas-vindas.

Em 1948, publica na revista O *Acadêmico*, de Goiânia, o

---

[33] Por solicitação do Irm.·. Manoel Tomaz Teixeira de Souza, Venerável da Loja Luz e Caridade, de Uberlândia (MG), o então Delegado do Grande Oriente do Brasil no Triângulo Mineiro, o Grão-Mestre Rodrigues Neves, deferiu o pedido de iniciação na Ordem, em 24 de agosto de 1951, do então Governador do Estado de Goiás. Recebeu o título de Benemérito.

artigo *Clóvis Beviláqua, o Filósofo do Direito*. Nesse mesmo ano de 1948, Cristiano Cordeiro voltou para Recife.

De 1951 a 1962 foi professor em Petrópolis, no Rio, mas já estava afastado de qualquer atividade militante. Foi funcionário da SUDENE – Superintendência do Desenvolvimento do Nordeste de 1962 a 1974. Morreu em novembro de 1987, no Recife.

Everardo Dias

Everardo Dias nasceu em Pontevedra, Espanha, em 1883. Com dois anos de idade, em 1887, vem para o Brasil, junto com seu pai, o professor e Maçom Antônio Dias, que havia fugido após seu envolvimento em um frustrado levante republicano espanhol. Auxiliado por Maçons espanhóis embarcou para São Paulo, trazendo correspondência de apresentação ao Irmão Maçom Martinico Prado, um dos líderes republicanos brasileiros.

Aos 13 anos, Everardo aprende o ofício de tipógrafo e vai trabalhar no jornal "*O Estado de S. Paulo*", onde permanece até completar seus estudos na Escola Normal.

Diplomado, vai lecionar em Aparecida de Monte Alto, em São Paulo. Nessa cidade, Vicente Picarelli, antigo Maçom, fundou a Loja Filhos do Universo, filiada ao Grande Oriente Estadual de São Paulo, onde Everardo é Iniciado em junho de 1904, aos 21 anos de idade.

Depois de um ano em Aparecida, sem conseguir transferência para São Paulo, abandona o magistério e volta ao jornalismo, na capital paulista. Tenta fazer Direito, mas as dificuldades financeiras o obrigam a abandonar o curso, que só completaria anos mais tarde pela Faculdade Livre de Direio Rio de Janeiro. Em São Paulo filia-se à Loja "União Espanhola", onde, em março de 1906, recebe o Grau de Cavaleiro Rosa-Cruz. Destaca-se como um dos líderes, no movimento anticlerical em São Paulo. Fez parte da Associação de

Livres Pensadores e dirigiu o quinzenário "*O Livre Pensador*", que saiu pela primeira vez em 1902. Nele, exaltava Lamarck, Darwin, Haeckel, Spencer, atacava implacavelmente a Igreja Católica, o fumo e o álcool. Apareciam muitas críticas contra os padres que atacavam protestantes, Maçons, espíritas, livres pensadores, socialistas, etc.

Em 1905, foi o representante da imprensa no comício dos mártires russos, em São Paulo, e um ano depois, em 1906, falava nas comemorações do 1º de Maio, em Campinas. Em 3 de maio de 1908, ingressa na Loja Ordem e Progresso, em São Paulo, onde em 1910 ocuparia o cargo de 2º Vigilante. Com a ascensão ao Grão-Mestrado do Grande Oriente Estadual de São Paulo, do líder republicano Pedro de Toledo, foi organizado um programa de conferências no Estado, sobre civismo, liberdade de consciência e defesa da lei. Everardo, atuante, proferiu palestras sobre a necessidade de Instrução, de escolas para o povo e a emancipação feminina, nas Lojas Amizade, Ordem e Progresso, União Espanhola, Fidelidade e Firmeza e outras, e também no interior do Estado e no Rio de Janeiro.

Traduziu o livro de Victor Marguerite, "*La Garcone*", que causou grande escândalo na França. Na famosa greve de 10 de junho de 1917, em São Paulo, redigiu o boletim distribuído à população, defendendo melhoria de salários e direitos para os trabalhadores. Fazia parte do Partido Republicano Paulista – PRP, ao lado de Pedro de Toledo, lutando contra a reforma da Constituição de 1891. Quando o PRP passou para o governo, foi-lhe oferecido cargo na administração, que recusou por ser contrário a esse apoio e se filiou ao Partido Operário.

Entre 1912 e 1919, foi membro da Assembleia Legislativa do Grande Oriente, representando as Lojas Perseverança III, de Sorocaba; União Espanhola, de São Paulo; e Deus, Justiça e Caridade, de Pederneiras. Sempre um Maçom atuante, de 1916 a 1918, fez parte do Tribunal Maçônico de Justiça Estadual e, em 1918, é eleito Grande Secretário Adjunto do Grande Oriente Estadual.

Em 1919, após a realização de uma greve em São Paulo, foi

preso e deportado. Essa deportação se tornou uma verdadeira saga. Em 27 de outubro de 1919, juntamente com José Righetti e João da Costa Pimenta, secretário-geral da União dos Trabalhadores Gráficos de São Paulo, foi levado para Santos e, completamente nu, meteram-nos num cubículo infecto. É ele que escreve: "*Não és capaz de imaginar o que sofri em Santos*". Dois dias mais tarde, foi levado para o pátio onde recebeu 25 chicotadas nas costas.

> *Imagina: depois de três dias e duas noites sem comer e sem beber, nu, com um frio horrível em Santos (pois chovia sem parar), ardendo em febre, a boca pastosa, sem poder falar, apanhei como um vagabundo ou um ladrão...!*

Nesse mesmo dia, após esse tratamento revoltante, Everardo foi levado para São Paulo e depois, juntamente com 10 outros prisioneiros e vigiados por 25 soldados, foi transferido para o Rio de Janeiro, de onde seriam expulsos do país.

Na Polícia Central do Rio de Janeiro, Everardo, debilitado, diz ao delegado que "*fazia quatro dias e quatro noites*" que não comiam, não bebiam, nem dormiam. Só aí receberam café com pão e mais tarde o almoço. Na tarde de 30 de outubro, Everardo e mais 22 prisioneiros foram levados às docas, para embarcarem no Benevente, do Lloyd Brasileiro. Ao chegarem à Bahia, Manuel Gama envia uma carta em que fala de Everardo, "*que, triste e pensativo, vai arrastando sua cruz para o Calvário!*". E o próprio Everardo escreve: "*Estou mais morto do que vivo...estou fraco e creio que tuberculoso! Oh! É horrível!*". Enquanto era pedido um habeas corpus a favor de Everardo, apontando que residia no país há 33 anos, era naturalizado brasileiro, tinha seis filhas brasileiras e profissão de guarda-livros; o deputado e Maçom Mauricio de Lacerda, pai de Carlos Lacerda, lia sua dramática carta na Câmara Federal. Astrogildo Pereira, através das páginas do *Spartacus*, lembrava que Everardo publicara, durante 15anos, o *Livre Pensador* e que fora revisor-chefe do O *Estado de S. Paulo*. A Loja América destacou-se em sua defesa. No dia 8 de novembro o Supremo Tribunal denegou a petição pelo habeas corpus.

Ao chegarem ao Recife, permaneceram por três dias em três celas, nas quais cabiam somente três pessoas. No dia 24 de novembro, depois de uma escala na Ilha da Madeira, ancoraram em Lisboa. A polícia portuguesa recolheu os prisioneiros portugueses, deixando no navio os espanhóis, entre os quais Everardo. Em 29 de novembro, em Vigo, na Espanha, todos os deportados desembarcam, menos Everardo Dias, Manuel Perdigão e Francisco Ferreira, por serem corretamente considerados brasileiros. Doentes, abatidos, taciturnos, sem dinheiro e roupas adequadas, temendo passar o inverno no Benevente, imploram para desembarcarem também, porém foram proibidos.

Em dezembro, em Le Havre, França, sofrendo um inverno rigoroso, pediram ao cônsul brasileiro agasalhos inutilmente, já que não obtiveram nem resposta. Recebiam algum conforto da solidariedade dos outros tripulantes do navio. O Benevente, após passar em Rotterdam, retornou a Vigo, onde Perdigão e Ferreira desembarcaram. Nesse ínterim, o Grão-Mestre recém-empossado, José Adriano Marrey Júnior, acompanhado do senador e Maçom Luís de Toledo Piza, da Loja América, em audiência com o governador do Estado, conseguiu a condenação da atitude policial e a revogação da sua expulsão. Ele podia voltar ao Brasil.

Aportou em Recife, no dia 25 de janeiro de 1920, sendo recebido com grandes homenagens, participou de uma sessão na União dos Operários em Construção Civil, onde em discurso atribuiu a causa de suas provações aos seus artigos contra o governo publicados em "*A Plebe*", acusou Ibraim Nobre de ser o mandante do espancamento que sofreu em Santos e, sempre solidário aos companheiros, denunciou o tratamento recebido por Manuel Perdigão, um brasileiro nato. Durante os três dias que permaneceu em Recife, recebeu diversas homenagens, foi saudado por Antonio Canellas, pelo Professor Joaquim Pimenta e Cristiano Cordeiro, na casa de quem pernoitou durante sua estada.

No mesmo ano de sua volta, 1920, participou da fundação do Grupo Clarté, que mais tarde prepararia a fundação do Partido Socialista Brasileiro. Em carta, no dia 25 de outubro de 1920, Everardo definia sua posição:

> ... *Sou igualmente bolchevique, isto é, partidário do regime dos sovietes, por julgá-lo um complemento indispensável do comunismo, um sábio organismo para disciplinar as classes e orientá-las na sua marcha emancipadora.*
>
> Defendia o *restabelecimento transitório da ditadura, divergindo de muitos anarquistas neste ponto, que são, abertamente, visceralmente contrários a qualquer coação, que eles classificam de violência.*

Em 1921, é um dos fundadores da Loja de Perfeição Segredo, do Rio de Janeiro, que tinha como objetivo a difusão de conhecimento e a doutrinação dos Maçons; com a crise de 1921, essa iniciativa não foi adiante. Por essa época Everardo denunciou, através do "*A Vanguarda*", a sugestão de agentes do governo francês de enviar para o Brasil "*dezenas de milhares*" de soldados mercenários russos, que haviam lutado contra os bolcheviques. Um pouco exageradamente, escrevia:

> *provavelmente o governo brasileiro asssinalará esses 50 mil homens... uma espécie de guarda branca, capaz de todas as bravuras contra a classe operária... Soldados – aventureiros – wrangelistas. Que belo presente de grego.*

Dirigia a tipografia da Maçonaria, situada no Méier, e suas oficinas publicaram o livro "*Rússia Proletária*", de Octávio Brandão, e a revista *Movimento Comunista*, mas em 1923 a polícia acabou por invadir a tipografia e confiscá-la. Quando do levante de 1922, havia montado um comitê pró Nilo Peçanha, ex-Grão-Mestre do Grande Oriente do Brasil, opositor a Artur Bernardes, tendo sido preso e enviado para a ilha das Cobras. Depois para a fortaleza de Santa Cruz.

Assim Octávio Brandão o descreve em suas Memórias:

> *Everardo Dias merece menção. Era jornalista de origem espanhola. Foi anticlerical e anarquista. Preso em São Paulo em outubro de 1919, barbaramente surrado com 25 chibatadas e deportado do Brasil para a Holanda. Depois de uma grande campanha, voltou ao Brasil e tornou-se comunista. Militante sério e dedicado. Dirigindo uma tipografia no subúrbio do Méier, contribuiu para publicar muitos materiais do PCB, entre eles o Movimento Comunista. Mudou-se para São Paulo, de onde viera. Manteve-se fiel à causa socialista.*

Em 1923, juntamente com Canellas e outros companheiros, é preso novamente, sob a acusação de prepararem uma insurreição contra o governo de Artur Bernardes, mas logo é posto em liberdade. Participa da reunião do Partido Comunista do Brasil, onde Canellas foi suspenso. Ao estourar a revolta de 1924, Everardo, que se encontrava no Rio de Janeiro, foi novamente preso e enviado para os campos de concentração existentes nas ilhas da costa brasileira, ficando encarcerado por três anos, principalmente na ilha das Flores. Raul de Paulo Lopes, prisioneiro na ilha Rasa, assim descreve Everardo: "*Outro sofredor, de um desassombro espartano, foi Everardo Dias – outro peso da ilha. Verdadeiro mártir! Nunca se abateu, nunca se acovardou! Sempre altaneiro, sempre reagindo!*"

Posto em liberdade, com a saúde abalada, voltou para o seio da família, em situação financeira difícil. Dono de uma livraria e editor, seu patrimônio tinha sido confiscado durante o estado de sítio. De nada adiantou apelar para a Justiça. Voltou a exercer a profissão de jornalista no jornal "*Diário Nacional*", cujo diretor era o Maçom Marrey Júnior, órgão do Partido Democrático, ali permanecendo até o seu fechamento, após a Revolução de 1932.

Em 1927, o jornal comunista *A Nação,* com sérios problemas financeiros, estava para ser fechado, então o Partido Comunista do Brasil encarregou Octávio Brandão de ir a São Paulo para arrecadar fundos para salvar o jornal. Ciente do prestígio de Everardo, assim que chegou a São Paulo, Octávio foi direto para sua casa. Juntos andaram por toda a cidade e, voltando para o Rio, Octávio entregou 5 contos de réis, salvando assim o jornal.

No final de 1927 tem o seu nome lançado, pelo "*O Internacional*", como candidato ao Conselho Municipal de São Paulo. Durante esse período foi vigiado e sua casa era constantemente invadida pela polícia. Apoiou o golpe de 1930 e teve de fugir de São Paulo, para não ser preso.

Em 1929, Everardo, sempre solidário e fraterno, estava esperando o companheiro Octávio Brandão, para apoiá-lo e ajudá-lo, que, seriamente doente, chegava de uma excursão de concientização pelo interior de São Paulo.

Em 1932, desempregado, perseguido pela polícia, mesmo tendo apoiado o golpe de 1930, morava em um cortiço no Rio de Janeiro, onde criava galinhas, para sobreviver. Com o levante comunista de 1935, embora sem nenhuma prova de seu envolvimento e sem nenhum tipo de insurreição em São Paulo, foi preso por quase dois anos, até sua absolvição pelo Tribunal de Segurança Nacional. Recebeu no Congresso Nacional a defesa do então deputado Café Filho, filho de Maçom. Ao ser libertado, já com a sua vida regularizada, volta à lida maçônica, na Loja Ordem e Progresso. Escreveu as obras maçônicas *"Semeando"* e *"À Sombra da Acácia"* e, em colaboração com Octaviano Bastos e Optato Carajuru, o *Livro Maçônico do Centenário*. Foi redator e diretor do Boletim Oficial do Grande Oriente de São Paulo e dos jornais "*Folha de Acácia*" e "*Mensageiro Romano*". Faleceu em 1966, cinco anos depois de publicar "*História das Lutas Sociais no Brasil*", nesse mesmo ano, em sua homenagem, foi fundada, a 04 de abril de 1966, a Loja Everardo Dias.

Alguns Apontamentos Políticos Maçônicos

Proudhon Maçom

Pierre-Joseph Proudhon, nascido em Besançon, em 15 de janeiro de 1809 e falecido em Passy, em 19 de janeiro de 1865, foi um filósofo político e econômico francês e membro do Parlamento Francês. É considerado um dos mais influentes teóricos e escritores do anarquismo, sendo também o primeiro a se autoproclamar anarquista, até então um termo considerado pejorativo entre os revolucionários. Foi ainda em vida chamado de socialista utópico por Marx e seus seguidores. Embora Alec Mellor afirme que ele foi Iniciado em Dijon em 1849, Proudhon, em sua obra *Justiça,* diz ter Iniciado em 1847, em Besançon, na Loja "*Sincérité, Parfaite Union et Constance Amitié*", do Grande Oriente da França.

∴

Piotr Alexeyevich Kropotkin Maçom

Geógrafo e escritor russo, um dos principais pensadores políticos do anarquismo no fim do século XIX, considerado também o fundador da vertente anarco-comunista, muitos o consideram

Maçom pelo simples fato de ter relatado em suas memórias que a reunião de uma secção da associação na Internacional dos Trabalhadores, no início da Primavera de 1872, se deu "no Unique, espaçoso Templo Maçônico", em Zurique, mas não consta que era uma reunião maçônica.

∴

A Comuna de Paris

Muitos, se não todos, Maçons parisienses, pertencentes ao Grande Oriente da França, eram partidários da comuna de Paris de 1871. A ata da reunião da Loja *União de Belleville*, realizada em 28 de abril de 1871, explicava os sentimentos que motivaram 10.000 Maçons a montar barricadas no dia seguinte.

> *Considerando que as questões da moral universal e da humanidade são a preocupação constante dos Maçons;*
>
> *Considerando que, sem se afastar da esfera filosófica e não-política, que é seu lugar, a Maçonaria tem o direito e o dever de intervir em todas as questões onde os princípios de fraternidade são incompreendidos;*
>
> *Considerando-se que no período doloroso da crise pela qual estamos passando, que é desoladora para nossa pátria e que aflige a humanidade, é o dever de todos os Maçons afirmar os princípios que lhe parecem de acordo com a moralidade universal, e aqueles mais aptos a fazer as idéias de solidariedade universal prevalecer. Uma solidariedade que, no dia em que existir, vai impedir a renovação de todas as lutas entre os homens ímpios e fará com que a última semente da barbárie desapareça, reunidos todos os homens em uma família;*

Considerando que a proclamação da Comuna de Paris, dirigida ao povo Francês, não contém nada que seja contrário aos princípios maçônicos;

Considerando que é, portanto, a obrigação da Maçonaria, que sempre esteve à frente da marcha do progresso, para empregar toda a força moral à sua disposição para fazer essas idéias em conformidade com seus princípios prevalecer;

Considerando que é dever de cada loja indicar, não só os Maçons, mas a todos os cidadãos o caminho do justo e verdadeiro;

A Loja "A União de Belleville" declara:

Que deseja parar o derramamento de sangue, ao aderir ao programa da Comuna de Paris, como contido na sua proclamação ao povo francês;

Por conseguinte, e de forma a chegar a este resultado convida:

Todos os Maçons de Paris e as províncias, e todos os cidadãos, para se juntar com ela, para que o governo de Versalhes e da Comuna de Paris aceitem a seguinte disposição:

Reconhecimento dos direitos comuns para todas as grandes cidades, assim como as menores cidades;

As eleições gerais para todos os Municípios e da Assembléia Constituinte, e

A fim de proceder a estas eleições, que ocorrerão em três meses, o estabelecimento de uma comissão administrativa composta de duas metades iguais de membros da Comuna e os membros da Assembléia de Versalhes, nomeado em eleições por estes dois poderes.

Essas são as bases de um acordo proposto pela Loja "A União de Belleville", a fim de pôr fim ao crime que se tem passado, e para o sucesso do qual convida todos os seus Irmãos, Maçom ou não, a empregar toda sua força moral e todos os meios colocados à sua disposição pela Declaração dos Direitos do Homem.

D. Gérald Dittmar, em sua obra *Les Francs-Maçons et la Commune de 1871*, relata que

uma certa calma reinava na cidade em consequência da esperança de ver a comuna chegar a um entendimento com o governo de Versalhes. Vários batalhões só marcharam, porque foram forçados a fazê-lo. Esta hesitação foi causada pela convocação de todos os Maçons para trazerem uma reconciliação entre as duas partes."

No dia 3 de maio *uma manifestação, provocada por Maçons, teve lugar à tarde. Um corpo de vários milhares de pessoas atravessou a Champs-Elysées, carregando galhos verdes e bandeiras brancas. Chegaram ao portão de Maillot, os disparos cessaram, mas os manifestantes foram avisados para não se aproximarem e apenas dois parlamentares seriam recebidos. Eles, consequentemente, apresentaram-se esta noite no Palácio de Versalhes.*

Em 4 de maio

[...] ontem, o sr. Thiers recebeu dois parlamentares, Maçons, declarando, no entanto, que eles não tinham nenhum mandado. O sr. Thiers lhes deu uma resposta semelhante aos já conhecidos; que ele desejava mais do que qualquer um o fim da guerra civil, mas que a França

não poderia capitular ante os insurgentes; que eles deveriam pedir paz à comuna.

∴

A Tática Visada Pelos Comunistas Franceses com o Ingresso na Maçonaria

No Congresso Socialista, realizado em 1912, em Paris, Jules Uhry explicava:

Entramos para a Maçonaria não para tentar, como se disse, corromper o nosso ideal ao contato com a burguesia, mas, pelo contrário, para tentar esclarecer todos êsses pequenos democratas sôbre a verdade, sôbre os fundamentos da doutrina socialista, e para criar essa atmosfera de neutralidade, repito, e trabalharmos para que no dia da Revolução Social, a estrada esteja livre de todos os obstáculos legais que nos impedem de subir ao poder. Eis porque entramos para a Maçonaria.

∴

Manifesto Maçônico a Favor dos Grevistas

Durante as desordens que ocorreram em São Paulo, nos dias 12 e 13 de julho de 1917, em decorrência da greve do pessoal da Light e da Cia de Gás, no dia 13 de julho de 1917, o Professor Artur Guarniere, Grande Oriente Autônomo do Estado de São Paulo, publica um manifesto em *O Estado de S. Paulo*, em que diz aos operários:

a vitória é dos fortes, e vós a conseguireis inteira se evirtardes as provocações e se, continuando ainda na defesa dos vossos direitos, conservardes a calma, que é sempre a mais alta expressão da razão e do direito.

∴

Na Hungria

Em 19 de março de 1919, sob a experiência comunista de Béla Kun, que proclamou uma república soviética húngara, quando dominou Budapeste, estabelecido um Conselho de Comissários do Povo, foi decretada a dissolução da Maçonaria na Hungria. Logo forças militares, sob o comando do Almirante Miklós Horthv, entraram em Budapeste e derrubaram o governo.

Com o fim da Segunda Guerra Mundial, tornou-se um Estado comunista, em 06 de setembro de 1950, o governo proíbe a Maçonaria na Hungria, que só seria reorganizada em 1990. O Grão-Mestre da Hungria, Dr. Geza Supka, morreu depois de 12 anos de prisão em campo de concentração comunista.

∴

Manifesto Maçônico Contra a Violência Contra Grevistas

Em maio de 1919, durante o movimento grevista em São Paulo, onde os operários foram brutal e cruelmente repreendidos, o Grão-Mestre do Grande Oriente Autônomo do Estado de São Paulo, através do jornal *O Estado de S. Paulo,* de 12 de maio de 1919, lamentou o fato de que a luta de classe em favor dos desfavorecidos tivesse degenerado "em guerra civil com manifestações de barbaria dos tempos medievais e a inquisição".

∴

Pronunciamento na Maçonaria

Em pronunciamento na Maçonaria, dirigindo-se a Nilo Peçanha[34], o Maçom Maurício de Lacerda[35] assim falou:

---

[34] Nascido em Campos, Estado do Rio, em 1867 e falecido em 1924, Nilo Procópio Peçanha foi político, ministro de Estado, Vice-Presidente da República, tendo exercido a presidência.

As democracias precisam se capacitar que só ao calor e à luz da liberdade elas são ou podem ser um regime estável na paz e na ordem. Falo em nome do Brasil-Futuro, de algo que há de vir e que já se pôs em marcha nas consciências que o espetáculo da guerra universal sacudiu como num terremoto moral. Caíram dinastias e as democracias vão ruindo ao abalo dos graves acontecimentos que tocam com uma asa de fogo as velhas nações do globo. Em torno de Nilo os oradores lembraram o passado, onde presente a autonomia do voto nacional. Eu quero apenas lembrar ao grande republicano que subindo ao poder num momento tão revolucionário de todos os direitos fundamentais do homem e das sociedades políticas, quem quer que o ocupe deve ter em mira que, só dando ampla liberdade ao pensamento de cada um, não errará contra todos, pois todos e cada um estão envoltos na decifração da hora atual.

∴

Outro Pronunciamento na Maçonaria

Em 31 de junho de 1924, na Maçonaria, horas antes do levante em São Paulo, Maurício de Lacerda faria um pronunciamento pela morte de Nilo Peçanha.

Iniciado na Loja "Ganganelli do Rio", no Rio de Janeiro, em outubro de 1901, chegou ao Grão-Mestrado do Grande Oriente do Brasil, a 20 de abril de 1917.

[35] Nascido em Vassouras, Estado do Rio, em 1888, e falecido em 1959, foi advogado, jornalista e político. Bacharelou-se em 1909 pela Faculdade Livre de Direito do Rio de Janeiro; quando estudando, trabalhou pela candidatura de Hermes da Fonseca, de quem foi oficial de seu gabinete em 1910. Foi eleito deputado federal em 1912. De 1928 a 1930 foi intendente municipal no Rio de Janeiro, voltando à Câmara Federal em 1930, quando foi um dos grandes propagandistas da Aliança Liberal. Com a vitória da Revolução de 1930, sua carreira política entrou em declínio. Foi pai do jornalista Carlos Lacerda, que foi governador do Estado da Guanabara.

O túmulo de Nilo Peçanha, eu o apontei como uma divisa entre dois momentos, qual o ponto de referência entre duas civilizações, entre dois regimes, entre suas gerações. E terminei, exclamando que não tivéssemos de chorar, traindo a continuação da obra do mestre liberal, que fora um vanguardeiro da grande revolução em marcha, uma lágrima de remorso, mas uma lágrima de saudade, saudade do homem, saudade do combate, saudade do lidador, mas nunca arrependimento da traição, da deserção. Que não tivesse de carpir a capitulação às bandeiras que ele combatera, bandeiras do cativeiro político e bandeiras do servilismo social. Que fôssemos para a frente, para adiante, com a luta contra a escravização econômica e o esmagamento nacional de todas as classes, de todos os homens, de todos aqueles que não teriam cabido nos vetustos moldes traçados pela ditadura política à vida do espírito humano e à existência da própria alma nacional.

Este discurso foi conhecido da polícia, apesar do sigilo maçônico, porque, na própria Maçonaria, a delação conseguira penetrar, segundo muitos pelas próprias mãos de sua maior autoridade, um parente de Bernardes[36].

∴

Pedido de Ajuda da Prisão

Na manhã de 5 de julho de 1925, quando do levante do general Isidoro em São Paulo, o jornalista, líder popular, ex-deputado e Maçom Maurício de Lacerda é injustamente preso, pois não estava envolvido na revolta. É ele que nos relata:

[36] Na época o Grão-Mestre do Grande Oriente do Brasil era o Irmão Mário Behring.

Encerrado no cubículo, dirigi-me à Maçonaria, a que pertencia o Ministro João Luís, que então reassumira a pasta e não tinha contra nós, segundo Valdemar que vivia censurando as violências do interino, os motivos do Ministro Félix Pacheco, o qual, segundo ainda o diretor da Correção, nos mandara recolher a célula pelas críticas que fizéramos á sua fácil riqueza, passando de um jornal quebrado a uma linda propriedade em Copacabana, mas que contra nós, sabíamos todos isso muito bem, devia nutrir outros rancores, oriundo das campanhas que lhe movêramos e, até, de um apelido que eu lhe dera, de João Luiwhisky....

A Maçonaria me fez ciente de que, dentro de dias, seríamos removidos daqueles cubículos. Mas tal aviso não foi um serviço do ministro à tradicional instituição e, sim, a necessidade oficial de abrir vaga nos mesmos cubículos, para diversos outros prisioneiros que chegariam de São Paulo e de outros pontos do país.

∴

Outro Pedido de Ajuda da Prisão

Maurício de Lacerda, ainda estando preso de forma ilegal, sem formalização de culpa, agora no quartel de São Clemente, nos relata:

Sentindo avizinhar-se o inverno, em que, no meu mal disfarçado cubículo, a friagem faria daquilo uma geladeira, pois o quartel de São Clemente é considerado o mais frio e o mais desagasalhado da força policial, comecei por remeter aos ministros do Supremo... bem como à Maçonaria, por intermediário do Deputado Adolfo Bergamini, um protesto contra a situação material que me encontrava, abaixo, muito abaixo da que fora reconhecida aos criminosos comuns...

A consequência do protesto foi a vinda de um tenente, com uma trena, dissimulando o seu intento com a afirmativa de que o governo ali o mandara para tomar dimensões, a fim de ladrilhar o meu quarto.

∴

A Maçonaria Brasileira e o Integralismo

O fascismo já vinha sendo combatido há muito tempo pela Maçonaria brasileira, em função da situação aflitiva das Lojas italianas, sob o regime de Mussolini. Em janeiro de 1925, as Lojas brasileiras recebiam uma lista de subscrição em favor das Lojas italianas "*victimas dos fascistas*". A Loja *Piratininga*, a mais tradicional de São Paulo, em fevereiro do mesmo ano, enviava, ao Grande Oriente do Brasil, uma prancha, solicitando que a Maçonaria brasileira protestasse contra a perseguição que vinha sofrendo a Maçonaria italiana e contra as ideias do fascismo.

Em São Paulo, nos dias 7 de outubro, das 22h30 até o meio-dia até 8 de outubro de 1934, a Praça da Sé foi interditada para a cerimônia integralista de entrega da bandeira de bênção à corporação. Os camisas verdes provocam grandes distúrbios, durante os quais foram disparados tiros dos altos de diversos prédios. O prédio da Loja *Piratininga*, ali localizado, acabou sendo atingido pela interdição.

No mês seguinte, a 6 de novembro de 1934, o Grande Oriente do Brasil expedia uma circular, onde informava que

o Conselho Geral da Ordem, em resolução referente a consultas de diversas Officinas, em relação a respectiva attitude em face do partido integralista, approvou o pa-

recer da Comissão de Justiça seguinte: o integralismo e a maçonaria são instituições que se reppelem; não deve a maçonaria admittir integralistas em seu seio, o que motiva em considerações que expõe; os Maçons integralistas renegam os princípios liberaes maçônicos, prova já dada pelo respectivo procedimento na Itália, em Portugal e na Allemanha ; faz notar que às Lojas compete deliberar sobre a conveniência de conservar ou eliminar dos seus quadros os Maçons que agem contra os princípios maçônicos.

Não se tem notícia de que tivesse havido exclusão de Obreiros dos Quadros das Lojas, algumas delas alegaram que não havia integralistas em seus Quadros, outras afirmavam que os que existiam haviam deixado o partido. Na realidade, porém, muitos dos Maçons "camisas verdes", fanatizados pelas ideias integralistas, haviam deixado, espontaneamente, as Lojas e a instituição, passando, inclusive, a combatê-las.

∴

Na Inglaterra

Em 10 de dezembro 1934, o partido laborista inglês apresenta uma moção para excluir os Maçons de seus quadros, mas que não foi aprovada.

∴

Movimento de 35 em Pernambuco e a Maçonaria

Paulo Cavalcanti, em seu livro O Caso Eu Conto Como o Caso Foi: da Coluna Prestes à Queda de Arraes (Memórias), conta que, coincidente ou não, algumas figuras da Maçonaria pernambucana estavam ligadas ao movimento, tais como: Epifânio José Bezerra, o funcionário da prefeitura Agripino Queiroz e Lauro Gois. A dupla filiação ao PC e às Lojas Maçônicas não era incomum nesses tempos.

∴

Decreto Contra Maçons Comunistas

Como resultado da Intentona Comunista, o Grande Oriente do Brasil, em 1935, baixou o seguinte decreto que foi publicado no Boletim Oficial Nº 12 de dezembro de 1935:

DECRETO Nº 1.120

General José Maria Moreira Guimarães, 33∴, Sob∴ Gr∴ Mestr∴ Geral da Ordem Maçônica no Brasil;

FAZ SABER a todos os MM∴ e OOff∴ da Federação, para que cumpram e façam cumprir, que a Sob∴Ass∴Ger∴ do Gr∴Or∴ do Brasil, em sua sess∴ de 19 do corrente, adoptou a seguinte

RESOLUÇÃO

Art. 1º) – É considerado delicto de lesa-maçonaria, punível com a eliminação da Ordem, filiar-se um Maçom, ou qualquer modo prestar obediência, a toda organização política ou instituição cujos princípios de atividade sejam opostos aos que a Maçonaria proclama e defende.

Art. 2º) – O processo de eliminação será procedido pelas Lojas e cujos quadros pertençam taes Maçons, ou pelo Grande Procurador Geral da Ordem, por iniciativa própria ou mediante petição de qualquer interessado.

Art. 3º) – Ao accusado facultar-se-á, na forma da Lei, o mais amplo direito de defesa, e, no caso de reaffirmar, de maneira inequívoca, sua fidelidade aos ideais maçônicos, será o processo imediatamente archivado.

Art. 4°) – Ao Maçom ausente ou revel será dado curador, que promova a sua defesa.

Art. 5°) – Da sentença condemnatória recorrerá, obrigatóriamente, a Loj∴ para o Supr∴ Tribunal de Justiça (... evidentemente Mac∴...).

Art. 6°) – Ninguem será admitido à iniciação si não comprometer formalmente a applicar os princípios da Ordem Maçônica.

Art. 7°) – Revogam-se as disposições em contrário.

O Pod∴ Irm∴ Gr∴ Secr∴ Ger∴ da Ord∴ fica incumbido da notificação e publicação do presente Decr∴,

Dado e traçado no Gabinete do Grão Mestrado Geral da Ordem, na cidade do Rio de Janeiro, Val∴ do Lavradio, aos 23 dias do 10° mez do anno de 5935 V∴ L∴ – 23 de Dezembro de 1935 E∴ V∴.

Assinado: JOSÉ MARIA MOREIRA GUIMARÃES, 33∴ – Sob∴ Gr∴ Mestr∴ Ger∴ da Ord∴.

Albano Gomes da Silva Porto, 30∴ – Gr∴Secr∴ da Ord∴

Arthur Murat do Pillar, 33∴ – Gr∴Chanc∴.

∴

A Perda de um Inestimável Patrimônio

Com a implantação do Estado Novo, a Loja "Estrela da Lapa n° 7", fundada em 1° de junho de 1902, ficou na expectativa, aguardando os acontecimentos para saber como agir. O Venerável, por precaução, guardou toda a documentação da Loja em sua residência, no entanto, o Venerável veio a falecer e seus parentes, temerosos de possuir toda aquela documentação, incineraram-na, perdendo-se, assim, toda a história da Loja.

∴

Lutas Para Manter Aberta a Maçonaria no Brasil

O Grão-Mestre General Moreira Guimarães, sabendo que o General Newton Cavalcanti, membro do Conselho de Segurança Nacional, e outros elementos, em 25 de novembro de 1937, estavam pressionando o Presidente Vargas, filho de um Maçom, para fechar a Maçonaria com o que este não concordou. Entrou em contato com o General Protázio Vargas, Maçom, e Irmão do presidente Vargas, pedindo o fim da pressão à Maçonaria no interior. Em 6 de janeiro de 1938, o General Moreira de Vasconcellos declarou publicamente "*nunca fora dada ordem oficial para o fechamento da maçonaria*", e esta notícia foi no mesmo dia transmitida quatro vezes na Hora do Brasil através do seu locutor Faria Neto.

∴

A Revolução Constitucionalista de 32 e a Maçonaria Paulista

Desde 1931, o advogado, jornalista e tribuno Ibrahim Nobre, Maçom da Loja "Fraternidade de Santos", criticava o golpe e a situação social, no jornal paulista "*A Gazeta*".

A 3 de março, ouvindo o clamor dos paulistas, o ditador nomeava, para o cargo, o embaixador Pedro de Toledo, ex-Grão-Mestre do Grande Oriente Estadual (1908-1914), o qual assumiria no dia 7.

O movimento contra o Governo continuava, as reuniões preparatórias aconteciam na sede do jornal "*O Estado de S. Paulo*", dirigido por Júlio de Mesquita Filho (Loja "União Paulista II"), que era um dos principais líderes do movimento. Júlio de Mesquita Filho, depois de ter conseguido organizar uma frente única dos partidos de São Paulo, entrou em entendimento com líderes da Frente Única Sul-rio-grandense. Foi então firmado um pacto entre paulistas e rio-grandenses, o qual os obrigava a recorrer às armas, caso o interventor de um dos dois Estados fosse destituído, ou se houvesse a substituição do gal. Andrade Neves do comando da região militar do Rio Grande do Sul, ou do gal. Bertholdo Klinger, da guarnição de Mato Grosso. Esse acordo não foi cumprido pelo Rio Grande do Sul, tendo, inclusive, enviado tropas contra São Paulo.

Em reunião realizada pelos Irmãos na Loja "Esperança e Justiça", no dia 7 de julho, com a presença de Francisco Morato, Ataliba Leonel, Sílvio de Campos, coronel Júlio Marcondes Salgado e general Isidoro Dias Lopes, ficou decidido que o levante aconteceria no dia 20. Pedro de Toledo ainda tentou evitar a revolta, mandando seu genro ao Rio de Janeiro, no dia 8, para conferenciar com Vargas. Todavia, em nova reunião, nesse dia, resolveu-se deflagrar o movimento no dia 10. Deixados sozinho, na luta pela Constituição e pelo Brasil, os combatentes de São Paulo, sem recursos, iriam resistir durante três meses. No dia 2, às 15h30, três oficiais chegavam ao palácio dos Campos Elíseos, para depor Pedro de Toledo.

Em 3 de novembro a Loja "Piratininga" voltou às suas atividades, nessa ocasião o Venerável Mestre comunicou que, embora a Loja tivesse deixado de funcionar por determinação do Grande Oriente de São Paulo, dirigida a todas as suas Lojas, mesmo assim a sua diretoria havia continuado a se reunir, semanalmente, para tomar conhecimento do expediente e para resolver os assuntos mais urgentes. E Vaz de Oliveira, interpretando o pensamento da Piratininga e de todo o povo paulista, dizia que

> *não pode deixar de saudar ao povo paulista pela dedicação, patriotismo e heroísmo, que tão fortemente demonstrou na guerra em que se empenhou, heroísmo que igual, quanto mais maior, em nenhuma guerra aponta a história, mesmo na mundial, bem como não pode ser apontada maior traição do que a sofrida pelos paulistas, para cujos traidores deve todo Maçom cônscio dos seus deveres, evitar convívio, votando-lhes desprezo.*

∴

A Constituinte de 1934

Em novembro de 1933, diante da instalação da Assembleia Nacional Constituinte, a notícia era saudada pelos Obreiros da Loja. O Orador, Ramon Roca Dordal, propunha um voto de louvor e aplauso, por aquela instalação que foi aprovada, unanimemente. Alexandre de Albuquerque dizia que havia votado como paulista de coração e na qualidade de ex-combatente, mas propunha um adendo àquela resolução: que o voto de louvor e aplauso fosse extensivo ao fato da volta, a São Paulo, do Irmão Pedro de Toledo, que havia sido exilado.

Em 23 de maio de 1934, o Irmão Alexandre de Albuquerque recebia os cumprimentos dos Irmãos da Loja, pela homenagem que recebera do Instituto de Engenharia, como um importante engenheiro civil de São Paulo e pela sua atuação na Revolução Constitucionalista. Guilherme de Carvalho, dizendo que aquela era a "*data anniversaria da libertação paulista*", pedia que a sessão fosse encerrada, em homenagem a ela e aos jovens mortos em 32. E Roca Dordal, inflamado, referia-se

> *à posição injusta em que, por todos os meios, procurava a dictadura collocar S. Paulo, que, muito embora vencido nos seus altos desideratuns pela eventualidade de circunstâncias ligadas à força, assim não se considerava; devido à nobreza da causa que defendera, e graças a sua força moral, ao progresso a que soube elevar-se, conseguiu o fim que almejava, e mantém-se firme e admirável na conquista do justo e do direito, não só para o seu bem, mas para o do Brasil – não discrepou do lugar de destaque em que o colocaram os seus antepassados; antes mesmo continuou o seu traçado de luta e de glória, impondo-se à admiração mundial.*

Em julho, promulgada a nova Constituição Brasileira, Roca

Dordal tecia comentários sobre a instituição maçônica e a luta de São Paulo:

> *A reunião de quatro confrarias, em Londres, em 1717, dá origem à Maçonaria – que um grupo de homens destemidos, fortes, cansados da tyrania e da escravidão, que envolvia a nação e, podemos dizer, a Europa, resolveram traçar novos princípios regeneradores dos costumes da Humanidade sofredora. É a Maçonaria – que em breve seria forte bastante para pôr um dique ao despotismo universal. Mas essa seita, essa reunião de homens de ideaes e de vontades inquebrantáveis, teve de preparar sua lucta sem tréguas ao obscurantismo e à oppressão. Agrupados esses homens de costumes puros, de energia e coragem para os mais duros sacrifícios, entraram a pregar no meio da sociedade com o mais absoluto sigilo, escolhendo os homens, que, dedicados até ao sacrifício, desejavam uma Humanidade melhor. E o sacrifício é necessário! Não há na historia da Humanidade uma conquista que não custasse rios de sangue e sacrifícios sem conta, àquelles que primeiro se opuzerão ao arbítrio e á tyrania. São Paulo recolhe os benefícios de uma Constituição, pelo sacrifício dos que não se submetteram ao capricho de uma dictadura, de um poder discricionário e tyranico. É o fim que almejavam os sinceros Maçons, cujos sacrifícios serão pequenos, em face da vitória alcançada.*

∴

Perseguições do Estado Novo à Maçonaria

Embora as Lojas do então Distrito Federal, Rio de Janeiro, não sofressem nenhum tipo de perseguição, devido ao prestígio de seu Grão-Mestre Estadual, o General Moreira Guimarães, o mesmo não ocorria nos outros Estados e interior. Veja os exemplos abaixo:

Na Loja "Piratininga", da capital paulista, o Livro de Atas nº 45 foi encerrado na folha nº 84, com o final da ata nº 2.993, de 20 de outubro de 1937. Nessa mesma folha, consta um termo, com os seguintes dizeres:

> *Tendo sido, por ordem das autoridades do país, fechados os templos maçônicos e interrompidos os nossos trabalhos, os trabalhos de reabertura foram, por deliberação da Diretoria, lançado em um livro de atas, a partir de 17 de janeiro de 1940, data em que foi permitido novamente funcionarem as Lojas. Ass.: A. Pacheco Júnior – Secretário.*

Na ata nº 2.994, de 17 de janeiro de 1940, consta que o Irm.·. Secretário informa que não pôde dar leitura à ata dos últimos trabalhos, em virtude de terem sido, os arquivos, apreendidos pela autoridade policial; é resolvido, então, que se inicie um novo livro de atas e um novo livro de presenças.

Na Loja "Fé e Perseverança", de Jaboticabal, consta, em ata de 29 de outubro de 1937, que o Venerável Mestre, major Hilário Tavares Pinheiro, informava que "*em virtude de Lei Federal editada pelas autoridades do País, foi fechada toda a Maçonaria brasileira e, por esse motivo, fica, de hoje em diante, fechada esta Loja, até ulterior deliberação*". A Loja só iria ser reaberta, oficialmente, a 3 de setembro de 1943. A data de 29 de outubro – quando a Loja foi fechada – pode ter sido registrada com erro (seria 29 de novembro), ou pode ser verdadeira, reforçando, então, a tese de que as Lojas começaram a ser fechadas já quando o Estado Novo estava sendo articulado, em sua fase final.

Na Loja "Firmeza", de Itapetininga, não constam atas do período compreendido entre outubro de 1937 e janeiro de 1940.

No dia 20 de janeiro de 1940, cogitava-se da autorização policial para a reabertura da Oficina.

Na Loja "Ordem e Progresso", da capital paulista, o Livro de Atas nº 18 termina, abruptamente, à folha 68, estando todas as demais até a última, de nº 100, em branco. Nessa folha 68, está lavrada a ata da Sessão de 27 de setembro de 1937, na qual foram lidos diversos artigos de jornais, criticando o integralismo de Plínio Salgado. A ata seguinte, no livro nº 19, tem a data de 5 de outubro de 1941, sendo registrada como a primeira reunião de reabertura dos trabalhos, realizada na rua Passos, nº 246, residência do Irmão Serpa Sobrinho. Nela consta, textualmente, o seguinte:

> *Os trabalhos foram abertos às 15 horas e de acordo com a convocação feita pelo Irm∴ Serpa, o qual foi aclamado Secretário, em continuação de mandato, por se achar exercendo esse cargo na ocasião em que, por ordem do governo federal, foram suspensos os trabalhos.*

Para dirigir os trabalhos, foi aclamado o Irmão Elias Rahal e, para Orador, o Irmão Luís Trento. O Irm∴ Serpa declarava, na ocasião, que a reunião era para tratar da reabertura dos trabalhos, pois a Loja "Ordem e Progresso", uma das mais antigas e das de maior tradição em São Paulo, não podia continuar inativa, pois grande parte das suas coirmãs já se achava em funcionamento; ao final dos trabalhos, deliberou-se convocar outra reunião, para, definitivamente, serem reiniciados os trabalhos no Templo.

A Loja "Estrela de Santos", de Santos, fundada a 22 de junho de 1937, embora tenha recebido sua Carta Constitutiva a 8 de outubro de 1937, só iria ser regularizada a 1 de agosto de 1942. Além disso tudo, não foram fundadas novas Lojas no Estado, em todo esse período. E o Boletim Oficial do Grande Oriente de São Paulo interrompeu sua publicação em outubro de 1937 – quando foi publicado o último número da década – só sendo restabelecida em 1943.

Na Ata da reunião especial – clandestina – dos membros da Loja "Fraternidade de Santos", de 1º de fevereiro de 1938, tratou-se do fechamento e proibição de reuniões, em virtude do Estado de Guerra.

> *a – Considerando, que a Comissão Executiva do Estado de Guerra, nomeada pelo Exmº Sr. Presidente da República, deixou uma ordem mandando fechar o Grande Oriente do Brasil, os Grandes Orientes dos Estados e todas as Lojas Maçônicas do País;*
>
> *b – Considerando, que esse ato, ordem, da Comissão Executiva do Estado de Guerra do País, proibindo terminantemente as reuniões de caráter secreto e muito especialmente a Maçonaria;*
>
> *c – Considerando, que essa mesma ordem foram instruções posteriores baixadas, ordenando o lacramento das sedes sociais e a entrega das respectivas chaves à Delegacia de Polícia, acompanhadas de uma relação nominal de todos os associados;*
>
> *d – Considerando, que essas instruções foram integralmente cumpridas nesta cidade, pelos dirigentes de todas as Oficinas em São Paulo pelas Altas Dignidades do Grande Oriente e no Rio de Janeiro pelo Grão-Mestrado da Ordem;*
>
> *e – Considerando, que por essa forma foram absolutamente paralisadas todas as atividades maçônicas da Loja "Fraternidade de Santos", quer as de caráter essencialmente maçônicas, quer as de filantropia, quer as administrativas (...);*
>
> *f – Considerando, que os livros de escrituração da Oficina estão fechados em nossa sede, que está lacrada, ou melhor, interditada pelo selo aposto pela polícia na sua sede, conforme lavrado na própria polícia;*

g – Considerando, que a Loja "Fraternidade" tem um grande patrimônio de bens imóveis a zelar, patrimônio esse constituído pelos prédios sitos nesta cidade na rua (...);

h – Considerando, na atual emergência ser impossível consultar os Grandes Orientes do Brasil e do Estado – que estão fechados – e pedir-lhes a necessária licença para gravar ou alienar esse patrimônio;

i – Considerando, a necessidade imperiosa de manter esse patrimônio ligado pelos mesmos antecessores, zelando e conservando esses bens, os quais no momento necessitam de obras urgentes, inadiáveis, como abaixo se vê;

j – Considerando, que o número de associados presentes representa número legal para qualquer deliberação da Loja, resolvem, atendendo ao apelo do Sr. Presidente, que demonstrou a necessidade urgente de numerário para as obras nas paredes da rua do prédio da rua Guararapes (...)

Durante o período de 1936 a 1945, em que permaneceu fechada até 1940, mas realizando reuniões secretas esporádicas, as despesas da Loja Marechal Neiva foram custeadas pelo próprio Venerável, o Irmão Theodoro Will, evitando que abatesse Colunas. Há de se lamentar que, nesse período, muito da história da Loja se perdeu, junto com os documentos, livros e Atas, Cadastro de Obreiros e correspondência.

Em 27 de junho de 1937, a Loja "Estrela do Oriente" foi fechada. Antes, porém, o Irm∴Natala Abraão retira todos os livros e documentos, salvando desta maneira o acervo da Loja. Com isso, em Corumbá, MS, apenas uma Loja "Estrela do Oriente" manteve-se funcionando na clandestinidade. Em 27 de outubro de 1937 aconteceu a primeira Sessão clandestina, na residência do V∴ M∴ João Baptista de Oliveira Mota, situada na rua Major Gama em frente ao antigo Fórum. Em novembro de 1938 ocorreu a abertura das

Lojas Maçônicas em Corumbá. A Ordem foi dada pelo Comandante da 9ª Região Militar, General José Pessoa. E finalmente em 10 de novembro de 1938 ocorreu a primeira sessão regular da A∴ R∴ L∴ S∴ "Estrela do Oriente". Em outros Orientes, como o paulista, a reabertura das Lojas somente ocorreu em 1940, e deveu-se à atitude destemida de Benedicto Pinheiro Machado Tolosa, que, em plena vigência do Estado Novo, compareceu, como Grão-Mestre Adjunto, no exercício do Grão-Mestrado – o Grão-Mestre José Adriano Marrey Júnior estava licenciado – perante as autoridades policiais a serviço da ditadura, e assumiu desassombradamente, o compromisso de responsabilidade pessoal pela manutenção da Ordem, o que fez com que fossem autorizados os trabalhos maçônicos.

> *A história do Estado implantado no Brasil a partir de 1930 tem sido apresentada como uma feroz repressão ao processo do livre pensamento, do poder de decisão da sociedade civil e daqueles grupos, inclusive a Maçonaria, que tinham conseguido manter uma relativa independência até 1938... Se por um lado tínhamos Maçons apoiando o regime, até mesmo incentivando-o através de Atos que exigiam das Lojas a eliminação dos Obreiros que professassem ideologias contrárias ao regime político-social brasileiro, do outro encontramos Irmãos dando prosseguimento aos Trabalhos Maçônicos, ainda de forma clandestina...*[37]

∴

Grão-Mestre da França Fala Sobre a Ineficiência da Infiltração Comunista na Maçonaria

O ex-Grão-Mestre da Grande Loja da França em seu livro "*Servitude et Grandeur Maçonniques*", em Paris, em 1939,

---

[37] Questões Controvertidas da Arte Real Volume IV, Frederico Guilherme Costa.

explicava por que os comunistas não alcançariam seus objetivos dentro da Maçonaria.

> *As portas dos nossos Templos estão abertas a todos os homens de boa-fé e de boa vontade, desde que sejam livres e de boa vontade, desde que sejam Livres e de Bons Costumes. Mas as nossas tradições, nossos métodos de trabalho, o cuidado que temos de nos precatar contra todos os sectarismos, todos os fanatismos, como também de nos defendermos contra o que possa parecer uma propaganda sistemática, contra uma ação metódica de grupos declarados ou ocultos em nossas Lojas, tornam difícil entre nós certas operações. Não permitiremos que venham a nossas Lojas procurar finalidades estranhas à obra da perfeição intelectual e moral da nossa Ordem. Temos, além disso, suficiente confiança em nossos métodos, estamos bem seguros da salubridade do "clima" de nossos Templos para crer que nenhuma "infiltração" possa ser bem-sucedida. Não há razão para deplorarmos uma decisão que não nos priva de uma colaboração digna de nós.*

∴

Na Romênia

Quando da entrada de tropas russas em Bucareste, em 23 de agosto de 1944, o regime comunista não proibiu a Maçonaria, que foi reaberta em dezembro de 1944, após ter sido fechada pelos nazistas, aos poucos os comunistas foram ingressando na Ordem, trazendo inquietação aos velhos dirigentes maçônicos. A razão dessa invulgar tolerância era porque a Romênia mantinha relações com o Ocidente e havia solicitado um empréstimo aos Estados Unidos. Os comunistas romenos sabendo da força que era a Maçonaria naquele país - existiam doze milhões de Maçons - mandaram como representante o antigo ministro romeno, Ralea, que não era comunista e era Maçom. Antes, porém, ele, que era apenas Mestre Maçom, foi Elevado ao Grau 18°. Em agosto de 1948, iniciou-se a perseguição aos Maçons, em julho é fechada a Grande Loja da Romênia. Os poucos que conseguiram escapar fundaram novas Lojas em Paris, sob a Jurisdição do Grande Oriente da França.

∴

Grão-Mestre Defende Legalização do Partido Comunista do Brasil

O Grão-Mestre do Grande Oriente do Brasil, Joaquim Rodrigues Neves, concedeu uma entrevista ao jornal *O Radical,* de 8 de julho de 1945, onde reafirmou o papel da Ordem como defensora do regime democrático e louvou a criação dos partidos políticos. Perguntado sobre o que achava sobre o retorno do PCB e de seu líder Luiz Carlos Prestes, respondeu que, tendo em vista o programa esboçado pelo partido, não havia nenhum inconveniente em reconhecer o partido. Segundo ele, dentro do regime democrático, haveria espaço para todos os partidos que não tinham por finalidade a opressão.

∴

Na Checoslováquia

Com o Golpe de Praga, de 1948, os comunistas tomaram o poder, em 23 de julho de 1951, e a Grande Loja da Tchecoslováquia é fechada pelo governo comunista, que já havia sido fechada pelos nazistas em 1948. Com a Revolução de Veludo, recobrou sua liberdade em 1989 e, em 26 de junho de 1990, a Grande Loja da Tchecoslováquia é reativada, comparecendo para prestar apoio os representantes das Grandes Lojas da Áustria, Itália, Suíça e Hungria e Irmãos de Luxemburgo, Holanda, Grécia, Austrália e Canadá.

∴

Ato Contra Comunistas

Lá pelo final de 1948, o Grão-Mestre do Grande Oriente do Brasil, Joaquim Rodrigues Neves, baixou o seguinte ato, publicado no Boletim Oficial Nº 1-2 de jan./fev. 1949, pág. 23:

> *... ATO Nº 2071.*
>
> *RESOLVE*
>
> *1º) – Determinar às LLoj∴ da Obediência que não admitam a Iniciaç∴ ELEMENTOS QUE PROFESSAM IDEOLÓGICA COMUNISTA;*
>
> *2º) – Afastar do Gr∴ Or∴ do Brasil todos os que, por acaso, tenham ingressado em seus quadros e professam a ideologia comunista, infringindo os princípios maçônicos;*
>
> *3º) – Autorizar os Delegados do Gr∴ Mestrado, os GGr∴MMestr∴ autoridades maçônicas, a tomarem as providências necessárias para a exclusão de Maçons mencionados no item II, e que só mediante falsas informações poderiam ter ingressados na Ordem, devendo remeter ao Prod∴ Centr∴ os nomes dos atingidos e os elementos comprobatórios;*
>
> *4º) – Recomendar a máxima severidade nas sindicâncias, de forma a evitar o ingresso de elementos totalitários, que sejam comunistas ou nazistas.*

Em entrevista ao jornal "*A Noite*", do Rio de Janeiro, de 17 de janeiro de 1948, dizia:

... Não se trata de uma nova decisão, pois desde 1935 foi proibido o ingresso dos comunistas na Maçonaria. O que fizemos agora foi reiterar a decisão tomada desde aquele ano, e isso em vista de consultas que chegaram de vários Estados. Certificamos também às Lojas filiadas ao Grande Oriente do Brasil, de que os associados que se tornaram comunistas após seu ingresso nas mesmas Lojas, ou que nelas ingressaram escondendo a sua qualidade de adeptos do credo soviético, deverão ser excluídos dos respectivos Quadros.

O Grande Oriente do Brasil não tolera nem comunistas nem integralistas, e, por isso, foi com vivo prazer que endereçou seus mais vivos aplausos ao Presidente Dutra, por motivo da recente cassação dos mandatos dos parlamentares vermelhos.

∴

Na China

Em 23 de julho de 1951, o Grão-Mestre T. F. Wei se vê obrigado a decretar o recesso da Maçonaria chinesa, devido às contínuas intervenções do governo comunista. Nunca mais voltou a funcionar.

∴

Na Bolívia

Em 1956, por proposta de um deputado, com o voto do clero e dos marxistas, discutia-se a proibição da Maçonaria no país. Só não foi adiante em virtude da reação internacional.

∴

Um Relato

Durante o conclave Geral da Maçonaria Simbólica Brasileira, em setembro de 1957, no Rio de Janeiro, um Irmão fez a seguinte comunicação:

> *Meus caros Irmãos, eu tenho, como homem livre e como Maçom, uma comunicação grave a fazer neste Conclave, uma comunicação que já fiz em uma reunião privativa do Grande Oriente. Falarei com a autoridade de quem é professor de polícia na Bahia, de quem é advogado, de quem é militar, e, acima de tudo, de quem exerceu o cargo de Delegado de Ordem Política e Social, na Bahia, por mais de dois anos. Tive ensejo de apreender, como delegado, um documento reservado do Partido Comunista. Nesse documento via-se ser um fato concreto a infiltração comunista em todas as organizações sociais, especialmente no Espiritismo e na Maçonaria. Aí, provocam eles dissensões e lutas, lançam a desagregação; depois quando a sociedade está prestes a morrer, aparece "um salvador da Pátria", que provoca maior infiltração, que faz com que a organização se transforme numa célula comunista. A Maçonaria permitiu também essa infiltração de cidadãos, que, depois se verificou, eram elementos na minha delegacia. Fiz a denúncia de uma série de infiltração na Loja de Jacobina. Desconheço quais as providências tomadas, entretanto, creio que foram tomadas medidas, porque, estando recentemente em Jacobina, onde esperava encontrar uma reação, fiquei surpreendido de ver que nenhum daqueles elementos, que faziam parte da diretoria antiga, se encontrava na atual. Estive também em Catú, onde conheci um fazendeiro, homem rico, que tinha sido preso. A cidade estava em pé de guerra, tendo sido eu designado para refazer a Ordem. Consegui apreender com dificuldade,*

vasto material. Era, realmente, uma grande quantidade de livros e correspondência comunista e, acima de tudo, correspondência sobre assuntos de Segurança Nacional, coisa séria e grave. No meio desse material, encontramos um Ritual Maçônico e a Constituição de uma Grande Loja. Olhei firme para aquele comunista e perguntei-lhe a respeito. Ele me explicou que havia ingressado na Maçonaria, na mesma época em que entrara para o Partido Comunista e que, na ocasião, não sabia distinguir uma coisa e outra. Dei-lhe conforto moral e ele prometeu-me que dentro de 30 dias publicaria uma nota de repúdio ao Partido Comunista. Jamais fez isso. Interpelado numa rua da Bahia por um Irmão da seguinte forma: "então quando é que sai a sua publicação?", respondeu: "não vai sair, está aqui na massa do sangue". E ele, ainda hoje, continua comunista. Poderia citar outros exemplos para explicar o perigo que representa para nós, para a Ordem, essa infiltração.

∴

Mais uma da Maçonaria e Adhemar de Barros

Mais uma vez a Maçonaria, já havia acontecido com D. Pedro I em 1822, atropelando toda sua Liturgia e Ritualística, a Loja "Guatimozin Nº 66", apenas para satisfazer vaidades e interesses escusos, Iniciou, Elevou e Exaltou, no dia 12 de dezembro de 1949, o então governador de São Paulo, Adhemar de Barros. Não podia dar outra, foi Iniciado mas nunca foi Maçom. D. Pedro I fechou a Maçonaria no Brasil e Adhemar de Barros ficou conhecido na política brasileira, como sinônimo de corrupção. Quando a Loja "Guatimozin" passou para a Grande Loja Unida de São Paulo, criou-se uma nova ficha de Inscrição para o então prefeito de São

Paulo, porém, ao preenchê-la, cometeram um erro, grafando como Iniciado, Elevado e Exaltado em 6 de outubro de 1949. Em uma cópia da ficha com sua foto da Loja "Guatimozin nº 10", da época pertencente à Grande Loja Unida de São Paulo, consta o número de seu cadastro como 329, em 1956.

Em 1960, então Prefeito da cidade de São Paulo, quando se preparava para o embate das eleições presidenciais, o arcebispo de Porto Alegre Dom Vicente Scherer acusou-o de ser Maçom pela imprensa. Adhemar não teve dúvidas, mandou uma carta ao bispo onde solicitava esclarecimentos e negando, na maior cara de pau, que tivesse pertencido ou participado da Maçonaria e exigindo reparações, pois a denúncia às vésperas da eleição poderia servir de instrumento para seus adversários. A notícia foi publicada na *Folha de S. Paulo* em 9 de setembro de 1960. Adhemar de Barros de fato perdeu as eleições, mas para outro Maçom, que não havia passado de Aprendiz Maçom, o Irmão Jânio Quadros. Na época, Jânio Quadros teve a maior votação da história brasileira e Adhemar de Barros nunca mais voltaria a disputar outra eleição. Adhemar de Barros faleceu em Paris, em 12 de março de 1969, em completo ostracismo.

∴

Grão-Mestre Responde ao Cardeal Jaime Câmara

Em Sessão do Conselho Federal, de 9 de outubro de 1961, é apresentado um recorte de O Jornal, de 8 de outubro de 1961, constando a notícia de uma conferência proferida pelo cardeal Jaime Câmara, no Instituto Histórico Geográfico Brasileiro, na qual atacava a Maçonaria, acusando-a de anticristã e de ter estreita ligação com o comunismo, no combate à Igreja. Ouvido os conselheiros, o Grão-Mestre Cyro Werneck foi autorizado a replicar em termos claros e enérgicos:

Ora, uma instituição que se funda em tais princípios não pode, em hipótese alguma, estar de mãos dadas com o comunismo.

Só mesmo a ignorância, a paixão, ou a vontade de desvirtuar a verdade é que pode admitir tal afirmativa.

Sabe, também, S. Eminência Revdma., que na Rússia e nos países satélites, onde impera o comunismo, não existem Lojas Maçônicas, mas lá estão muitas igrejas católicas, com seus sacerdotes e cerimoniais.

Sabe, também, S. Eminência Revdma., que onde impera o catolicismo romano, a Maçonaria está inteiramente proscrita?

Sabe, S. Eminência Revdma., por que isso acontece?

Porque a Maçonaria é essencialmente contra a prepotência, venha ela da direita ou da esquerda.

É, talvez, a única instituição do mundo que combate, intransigentemente, o comunismo, não permitindo a filiação de comunistas em suas Lojas, pois, para ser Maçom é indispensável acreditar em Deus, não obstante professar esta ou aquela religião, pois são bons todos os caminhos que conduzem ao Senhor.

Errou, portanto, S. Eminência Revdma., em colocar a Maçonaria como instituição ligada ao comunismo. Pode, S. Eminência Revdma., ficar certo de que a Maçonaria se ufana de ser essencialmente contrária ao comunismo e àqueles que queiram exercer prepotência sobre as massas.

∴

A Crise da Posse de João Goulart

O Grão-Mestre Cyro Werneck de Sousa e Silva, em nome do Grande Oriente do Brasil, manifestou-se, publicamente, pelo respeito à Constituição, pela posse de Goulart. Muitas Lojas paulistas resolveram entrar em recesso, enquanto outras, como a "Francisco Glicério" e a "Roma", resolveram ficar em vigília permanente. Em reunião dos Veneráveis da capital paulista, resolveu-se fechar o Edifício Sede, para preservar os arquivos maçônicos.

∴

Conspiração de 64

Em uma segunda-feira, em 18 de março de 1963, no Largo de São Bento, nº 64, em São Paulo, no escritório imobiliário "Sela", do General Menna, encontraram-se Eldino Brancante, Antenor, o Coronel José Canavó Filho, José Freire da Silva e o General Menna. Ficou acertado que o Sr. José Freire da Silva deveria entrar em contato com Maçons, entre os quais contava com amigos, no intuito de tornar as sedes de diretórios, de clubes, de associações, de empresas, em pontos de reunião e de concentração, QGs, improvisados em caso do rompimento de um movimento. Não sabemos dos desdobramentos e nem se houve tais contatos com Maçons ou a Maçonaria.

∴

Condenação do Grão-Mestrado ao Comunismo

Na apresentação de seu relatório anual de 24 de junho de 1969, o Grão-Mestre do Grande Oriente do Brasil dizia:

Não nos passou despercebida a data de 27 de novembro.

Aproveitamos para demonstrar, mais uma vez, nosso repúdio às extremas e condenarmos a ação traiçoeira e covarde dos asseclas de Moscou, em 1935. E, nesse mesmo documento, demonstramos o pensamento da Maçonaria sobre a relevância do papel das Forças Armadas na Defesa do Regime Democrático. Não nos acomodamos quando da crise estudantil e, em declaração incisiva, colocamo--nos como mediador da mesma, procurando serenar o episódio.

∴

Grão-Mestre do Grande Oriente de São Paulo é Acusado de Comunista

Apareceu, em 17 de julho de 1970, uma certidão do Serviço de Informações do DOPS de São Paulo, relatando que o Grão--Mestre Danylo José Fernandes, quando Juiz de Direito no Município de Registro – SP, conforme telegrama de 3 de abril de 1964, ao Governador Adhemar de Barros, dirigido pelo Prefeito e pelo Presidente da Câmara de Vereadores, informando que Danylo, de "alto e bom som", tinha declarado

> ... *que pretendia libertar o líder comunista de Registro, já detido e entregue ao Major do Exército José Tomás. Noticiaram os jornais da época que este comunista tinha sido preso com um caminhão cheio de armas contrabandeadas para os "seus camaradas de ideologia".*

∴

Inquérito Policial-Militar Contra a Maçonaria

Felix Cotaet, que estava em aberta luta contra o Grão-

-Mestre do Grande Oriente do Brasil, no dia 13 de agosto de 1970, apresentou denúncia à Secretaria de Segurança Pública, contra o Grande Oriente do Brasil e contra o Grande Oriente de São Paulo, acusando-o de infiltração comunista na Maçonaria, apresentou como prova a Circular Nº 155-V-15, de 3 de fevereiro de 1970. Essas circulares, firmadas pelo Grande Secretário das Relações de Cultura, eram lançadas, semanalmente com assuntos culturais, geralmente históricos, abordando as efemérides de 1970. Nessa constava, entre outras, o centenário de Lenin (criador do comunismo bolchevique) e o sesquicentenário de Engels (ideólogo do comunismo, ao lado de Karl Marx). Foi instaurado um inquérito policial-militar, tendo como despacho, em outubro de 1971, o arquivamento dos autos, considerando infundada a denúncia.

∴

No Chile

No dia 28 de outubro de 1970, o Maçom Salvador Allende, neto do Grão-Mestre da Grande Loja do Chile, Ramón Allende Padim, presidente eleito do Chile, antes de ser empossado no cargo de Presidente da República, é recebido solenemente pela Grande Loja do Chile, em Sessão especial, tradição que ocorre sempre que um Maçom é eleito presidente. Em 11 de setembro de 1973, é morto por um golpe militar liderado por Augusto Pinochet (que foi Iniciado na Loja da cidade de Arica, norte do Chile, mas não passou do Grau de Aprendiz).

∴

Em Cuba

Quando da revolução cubana, o dr. J. J. Tarajano y Gonzalez e seus auxiliares foram obrigados a se refugiar nos Estados Unidos, onde reabriram a Grande Loja de Cuba, em Miami. Na edição de "*El Mundo*", de São João do Porto Rico, de 8 de março de 1961, o Grão-Mestre da Grande Loja de Cuba no exílio, Dr. J. J. Tarajano y Gonzales, esclarecia:

> *o chamado Grande Oriente Nacional que, segundo temos notícias, com um número muito exíguo de membros, vem realizando uma persistente campanha destinada a identificar a Maçonaria Cubana com o regime comunista que oprime a nossa Pátria, a qual se aparta totalmente da verdade. A Grande Loja de Cuba constituiu-se no exílio, na cidade de Miami, desde o mês de dezembro do ano passado, em virtude de que a Maçonaria Cubana não pode cumprir seus elevados fins no território nacional enquanto subsista o regime totalitário que Cuba sofre, porque os princípios maçônicos são incompatíveis com os fundamentos do comunismo. Nossas atividades normais entraram em recesso em Cuba até que voltemos a desfrutar de Liberdade plena e os direitos humanos tenham amparo eficaz na Pátria de Martins. No exílio me acompanham os Veneráveis Irmãos Aurélio Alvarez Echezarreta, Deputado Grão-Mestre, Eduardo Lopez Bobadilla, Grande Secretário, Manuel Cuesta Lopez, Grande Tesoureiro, e outros grandes funcionários da Grande Loja de Cuba, assim como várias centenas de Mestres Maçons Cubanos.*

Na avenida Salvador Allende (que era Maçom), nº 505, está localizado o Grande Templo Nacional Maçônico, um edifício de 11 andares em cujo cimo resplandecem o Esquadro e o Compasso. A Grande Loja de Cuba, reconhecida pelas Grandes Lojas de 38 Estados norte-americanos e a Grande Loja Unida da Inglaterra, congrega mais de 28.000 membros, muitos pertencentes ao Partido Comunista cubano, embora não sejam ateus. Em suas atividades beneficentes, embora lute com grandes dificuldades financeiras, mantém um Asilo para Maçons Idosos, uma biblioteca e um museu, que só pode ser visitado por Maçons.

Pesa sobre a Maçonaria cubana um grande controle do governo. Nos dias 10 a 12 de junho de 2005, em Santiago de Cuba, se realizaria o Encontro Internacional Antonio Maceo Grajalles, reunindo Lojas de Cuba e do exterior, para render tributo ao histórico Maçom. Um mês antes da data do evento, o Comitê Central do Partido Comunista de Cuba, controlador e fiscalizador de qualquer evento público no país, negou autorização e o Encontro não foi realizado.

Frank Hernandez Trujillo, Grau 32, do Grupo de Apoio à Democracia, sediado em Miami, esclarece:

> *As Lojas têm continuado funcionando durante o período da Revolução Cubana, com as limitações impostas pelo governo castrista. De forma breve e resumida conto mais. Assim, as Lojas têm que dar ao governo uma cópia das atas de cada reunião realizada. É assim mesmo, terminada a reunião, a Loja é obrigada a levar a cópia da ata ao comando regional da polícia do partido comunista cubano, que inclusive tem uma sala controladora e fiscalizadora no Edifício Maçônico.*
>
> *As atividades sociais, que antes aconteciam fora do Templo, foram proibidas. Eventos e conclaves necessitam de prévia autorização do delegado controlador do partido comunista.*
>
> *Caso contrário, pode incidir em prisão, em face do descumprimento às determinações legais. Até pode acontecer, mas de forma limitada e com prévia autorização. Por exemplo, a colocação de coroas de flores a José Martins (Maçom e cubano ilustre) no dia de seu natalício tem que ser aprovada pelo governo.*

Está proibido o movimento da AJEF, entidade Paramaçônica juvenil, já que interfere com os trabalhos de proselitismo do regime entre a juventude.

Em resumo, está funcionando, porém, sob um estrito controle do governo, que mantém espiões em todas as atividades maçônicas, inclusive em entidades religiosas ou fraternais. Apesar disso, centenas de jovens se aproximam da fraternidade maçônica, buscando respostas e o pouco de liberdade que se respira dentro das Lojas.

Dos 75 condenados à prisão na primavera de 2003 por atividades denominadas "contrarrevolucionárias", temos 13 Irmãos, incluindo um do Grau 32 e outro do Grau 33.

As Filhas da Acácia, outra instituição Paramaçônica feminina, em 1995, começou a renascer, com um incremento de Iniciações de jovens, contudo sofrendo o mesmo rígido controle do órgão fiscalizador do partido.

Em 2 de maio de 1977, o governo cubano emite decreto para que todas as instituições inscrevam-se em registros oficiais. As autoridades consideraram que algumas Lojas Maçônicas não cumpriram as Disposições e foram multadas. Só a multa da grande Loja foi de U$ 95.000. As razões alegadas pelo governo é que as Lojas mantiveram, em seus registros, Maçons exilados e que proporcionaram ajuda a familiares de Maçons presos ou executados.

O Grão-Mestre da Grande Loja de Cuba, José Ramón González Díaz, e o Grande Secretário, William Rojas Aguiar, tiveram negado visto de entrada nos Estados Unidos, onde eles estavam recebendo um convite da Grande Loja da Flórida.

Este evento acontece após o escândalo de março de 2011, quando o programa de TV "As Razões de Cuba" mostrou como um agente da Segurança do Estado dentro da Maçonaria foi utilizado para manter a Grande Loja cubana sob ordens do governo. Além disso, Gonzalez é acusado de ser um dos informantes que, no início dos anos 90, levou à prisão os Maçons Nápoles Manuel Garcia, Carlos Garcia Feit, Gumersindo Valero Acosta e outros.

Fidel Castro, em entrevista a Frei Betto, conta que não morreu, porque estava acompanhado de um Maçom. Diz ele que, em sua retirada depois do fracasso do ataque ao quartel de Moncada, em março de 1952, com seis ou sete Companheiros em fuga, queriam chegar a Sierra Maestra e organizar de novo a luta.

> *Aproximamo-nos de uma casa, falamos com um cidadão e foi ele quem arranjou o encontro daquele grupo com o Arcebispo. Eu* - diz Fidel Castro - *e os dois que estavam comigo nos separamos deles, nos afastamos uns dois quilômetros daquele lugar, no propósito de, à noite, pegar a estrada que conduzia à baía de Santiago de Cuba. Porém, o exército soube, talvez tenha interceptado a ligação telefônica entre aquela família e o Arcebispo. Bem cedo, antes de amanhecer, patrulhas ocupavam toda aquela região, inclusive as proximidades da estrada. Estávamos a dois quilômetros e cometemos um erro, que até então não havíamos cometido em todos aqueles dias. Um pouco cansados, tínhamos que dormir nas piores condições, nas ladeiras das montanhas, sem saco de dormir ou coisa parecida, e, justamente naquela noite, encontramos uma pequena cabana, de quatro metros de comprimento por três de largura, o que aqui chamam VARA EM TIERRA, lugar onde se guarda material de trabalho. Para proteger-nos da neblina, da umidade e do frio, decidimos ficar ali até amanhecer. De manhã, antes de despertarmos, uma patrulha de soldados entra na cabana e nos acorda com os fuzis sobre o peito. Ser despertado pelos fuzis do inimigo foi consequência de um erro que jamais deveríamos ter cometido... ninguém montou guarda... Nós três dormimos.*
>
> *Estávamos um pouco confiantes, pois havia uma semana*

que, apesar de rastrearem toda a região, continuávamos furando o cerco... Do jeito que aqueles indivíduos andavam sedentos de sangue, teriam nos assassinado de cara. Porém, ocorreu uma incrível casualidade: havia um Tenente negro, chamado Sarría, que não era assassino e tinha certa autoridade e liderança. Os soldados estavam excitados, nos amarraram, apontaram os fuzis contra nós e queriam matar-nos. Pediram nossa identidade e demos outro nome. Vi logo que não me conheceram... Estavam sedentos para matar-nos. Se tivéssemos nos identificado, teriam disparado sem apelação.

Começamos a discutir com eles... A gente se dava por morto; eu não imaginava a mais remota possibilidade de sobreviver, continua dizendo Fidel Castro. *Durante a discussão com eles, o tenente interveio e disse: "Não disparem". Impôs-se aos soldados, enquanto repetia em voz baixa: "Não disparem, as ideias não se matam". Três vezes aquele homem repetiu: "As ideias não se matam".*

Por oportuna coincidência, um dos nossos companheiros era Maçom. Trata-se de Oscar Alcalde, que está vivo e hoje preside o Banco da Poupança. Financista, em Cuba. Era ele quem controlava os fundos do nosso Movimento Revolucionário. Percebeu detalhes de formação maçônica nas atitudes e palavras do TENENTE e decidiu identificar-se com SINAL SECRETO da MAÇONARIA, PARA O TENENTE. Isso surte então efeito imediato. Sabia-se que havia muitos militares Maçons nas tropas combatentes. Bem amarrados, nos levantaram e nos levaram.

Impressionara-me a atitude daquele Tenente, e, após caminharmos um pouco, chamei-o e disse: "Vi como o senhor procedeu e não quero enganá-lo, eu sou o líder guerrilheiro Fidel Castro". Ele me adverte discretamente: "Não diga nada a ninguém". Avançamos um pouco mais e logo, a uns setecentos ou oitocentos metros dali, se ouvem tiros. Os soldados, muitos nervosos, estendem-se sobre o chão... Quando vejo, eles se deitaram, pensei que tudo era uma artimanha para atirarem em nós e permaneço em pé, parado. O Tenente se aproximou e eu lhe disse: "Não me deito, se querem atirar têm que matar-nos de pé". O Tenente comenta: "Vocês são muito corajosos, rapazes"... Fomos todos reunidos e colocados num caminhão. O Tenente me pôs na frente, entre ele e o motorista. Mais adiante surgiu um Comandante, que se chamava Pérez Chaumont, um dos principais assassinos, e responsável pela morte de muita gente. Ordenou que nos levassem ao quartel. O Tenente discutiu com ele e não o obedeceu. Levou-nos à Casa de Detenção de Santiago de Cuba, onde ficamos à disposição da Justiça Civil. Se tivéssemos chegado ao quartel, teriam feito picadinho de todos nós. Toda a população de Santiago de Cuba fica sabendo que fomos presos e que nos encontramos ali. Começa forte pressão para salvar-nos a vida... Alguns foram salvos porque se apresentaram através do Arcebispo. Mas, no caso do nosso grupo, o fator determinante foi o Tenente e Maçom. Antes do triunfo, o denunciaram como responsável pela nossa sobrevivência. Culparam-no de não nos ter assassinado... Naquele momento, o Tenente foi afastado do Exército. Quando triunfou a Revolução, o incorporamos ao novo Exército, com o Grau de Capitão... Era um homem honrado, com acentuada disposição à justiça. O curioso é que, como reflexo de seu pensamento, nos momentos mais críticos o ouço repetir, em voz baixa, as instruções aos soldados para que não disparem, porque "as ideias não se matam". Liberdade, Igualdade e Fraternidade. "Os homens virtuosos procuram pela maçonaria, a maçonaria os aperfeiçoa."

∴

Crime de Lesa-Pátria e Lesa-Maçonaria

O Maçom Fernando Borges Gadelha, por tentar sublevar a Loja "18 de Julho", no Rio de Janeiro, foi suspenso por Atos Nº 3042 de 27 de fevereiro de 1970 e Nº 3053 de 8 de abril de 1970, por crime de lesa-pátria e lesa-Maçonaria. Reagiu publicando um autêntico "Manifesto Comunista", falando em nome da Maçonaria.

∴

Inquisição Dentro da Maçonaria

Na administração do Grão-Mestre Dimarco, alguns Irmãos fundaram uma "radical de direita", de nome Templários, que, querendo obrigar o Grão-Mestre, até com ameaças veladas, a assinar a expulsão sumária de mais de 100 Maçons, conforme lista que colocaram em sua mesa. O que o Grão-Mestre recusou, naturalmente, solicitando que dessem entrada a um processo Regular e documentado; o que a Loja nunca fez.

∴

Cuba, o Estopim do Mundo

Aparecia a 4ª Edição do livro "Cuba, Estopim do Mundo", editado pelo Grão-Mestre do Grande Oriente de Minas Gerais, Athos Vieira de Andrade.

∴

Cena de (Quase) Pugilato Entre Irmãos

É o próprio Irmão Kurt Prober[38]que relata:

> *Passando por São Paulo, onde ainda ia com certa frequência, no dia 17 de setembro de 1974, resolvi visitar o Irm∴ Iran D. Sant'Anna, em sua oficina gráfica da* ***Gazeta Maçônica****, na rua Arthur Thiré, lá no bairro Saúde. Encontrei-o ultimando a impressão do Nº 75.*
>
> *De repente lá me aparece o Sr. Danylo, a quem não conhecia pessoalmente e o Iran cheio de mesura foi ao seu encontro, e lá ficaram comentando a reportagem sobre a posse do Athos no Grande Oriente de Minas Gerais. Fiquei por perto sem saber do que se estava falando, e nem me interessava, pois sabia que ele ajudava a financiar a edição da Gazeta. De repente ouço o "ilustre visitante" perguntar ao Iran: "Quem é esse camarada aí?", e tendo ele respondido: "É um Maçom do Grande Oriente do Brasil do Rio".*
>
> *Logo em seguida, Danylo virou para mim e se saiu com "essa". "Ah... é do Grande Oriente do Brasil? Pois fique sabendo, que é mais um ano e vou acabar com estes ladrões[39]", ao que retruquei:*

---

[38] O numismata, naturalizado brasileiro, Kurt Prober, principal pesquisador e escritor contemporâneo da Numismática Brasileira, morreu na madrugada do dia 23 de março de 2008, tendo nascido em 12.03.1909 em Berlim. A seguir, citação de Prober sobre sua participação na Maçonaria publicada no livro de sua autoria *História do Supremo Conselho do Grau 33∴ do Brasil Vol. I / 1832 a 1927, Rio: Livraria Kosmos Editora, 1981.* Na página 405: "*Para quem ainda não conhece o Irm∴ Kurt Prober, vão aqui alguns dados: Iniciado Gr∴ 1 em 1951(...) Gr∴ 33 em 1975(...) Recebeu 34 medalhas Honoríficas de LLoj∴ MMaç∴ (...) Publicou até aqui (1981) 8 livros sobre Maçonaria.* Esse total aumentou, depois, para mais de 30 livros. Desse mesmo livro, na página 17: "*Pelo simples fato de ser Maçom "militante" e "consciente", e ter a ousadia de dizer a verdade, seja em que circunstâncias for, e, como historiador, não ter peias em acabar com antigas lendas, inverídicas, e sobre as quais se tornou tabu sequer 'pensar', quanto mais escrever, criei a fama de autor ríspido e zangado, mas o que não é verdade, como poderão confirmar os que me conhecem pessoalmente no contato diário*".

[39] Danylo José Fernandes, Grão-Mestre do Grande Oriente do Estado de São Paulo, quase conseguiu seu intento de acabar com o Grande Oriente do Brasil, pois foi o artífice da cisão de 1973, em que foram criados os Grandes Orientes Estaduais Independentes. – Nota do autor.

"... Duvido muito, pois em 150 anos muita gente valente não conseguiu isto". Nesta altura o Iran, certamente querendo evitar briga, cochichou o meu nome ao ouvido de Danylo, mas isto só botou mais lenha no fogo.

"... Então é verdade que você me chamou de comunista, em discussão com o Menezes?" Imediatamente respondi: "Você... é mulher de soldado; mas parece que o Menezes se enganou, pois da discussão que tive com ele na Loja de tapetes e na presença do meu velho amigo Irm∴ Leon Mosditchian, lá nas "Palmeiras", eu chamei o senhor de pexete comuna, isto é que é a verdade, se quer saber...".

Danylo ficou fulo de raiva e avançou em minha direção, e eu na mesma hora peguei uma boladeira cheia de tipos de chumbo, e uma grande "guarnição" de ferro, para me defender, pulando Iran entre nós dois, gritando com Danylo, dizendo que não queria brigas na Oficina dele na presença de seus operários. Pegou o Grão-Mestre pelo braço e o levou para fora da Oficina até o seu automóvel.

Voltando, me pediu que saísse logo, pois o Danylo era muito violento e tinha prometido voltar, e, como eu na ocasião estava desprevenido,... fui saindo em direção oposta à que o Danylo tinha tomado. E foi este o interlúdio que tive com Danylo, na única vez em que o vi.

∴

Manifestos Pernambucanos

O Irmão Demosthenes Natalino Vieira de Aguiar apresentou 4 manifestos, através de sua Loja "Luzeiro da Verdade Nº 3", e que foram distribuídos às demais Lojas. Isso fez com que entrasse em conflito com o Grão-Mestrado, terminando por ter seus direitos maçônicos suspensos pelo Ato nº 63-70/73.

No Manifesto Nº 3, de 3 de abril de 1964, dizia:

> *Enquanto no passado a Maçonaria estava alerta e atuante e seus Obreiros sacrificando a própria vida, hoje ela limita-se às reuniões litúrgicas e quando uma voz se levanta para alertar os Maçons, para que a Ordem cumpra uma das suas finalidades, no sentido de enfrentar e combater o perigo que a ameaçava e ainda a ameaça, representada pelo solerte e enorme Polvo Vermelho, cujos tentáculos já estavam estendidos por todo o território nacional, alguns interpretam essa atitude como sendo um meio de desunião.*
>
> *Vimos os adeptos do regime totalitário penetrarem em todos os setores de atividade, inclusive nas instituições sociais. Consta que no seio da Maçonaria existem elementos que, professando ideias políticas contrárias aos nossos sagrados princípios, nela permanece.*
>
> *Acabamos de assistir ao desenrolar de sérios acontecimentos cujo resultado não podíamos prever. Não fora a atitude heroica das classes armadas, dizendo BASTA! à desordem e à baderna, em breve os traidores da Pátria conseguiriam os seus propósitos.*
>
> *Durante esse período de apreensão e de angústia, o que fez a Maçonaria Simbólica do Brasil? Nada, praticamente nada.*
>
> *Enquanto os Maçons permaneceram inativos, a mulher pernambucana fundou uma sociedade para defender as instituições democráticas ameaçadas.*
>
> *No dia 6 de março de 1817 explodiu em Pernambuco o movimento emancipador planejado e dirigido pela*

Maçonaria, no qual perderam a vida vários Irmãos que, cheios de espírito patriótico e cumprindo um dos deveres maçônicos, resolveram livrar o Brasil do domínio estrangeiro.

No dia 6 de março, passado, as mulheres pernambucanas, com igual patriotismo e destemor, reúnem-se e desfilam pelas ruas da cidade para dizer de viva voz que assim procedem para salvaguardar a liberdade em perigo diante da ameaça da implantação de um regime de força.

No dia 19 do mesmo mês, a mulher paulista se organiza em defesa dos mesmos princípios, recebendo o apoio de vários Estados representados por delegações femininas que tomaram parte na gigantesca passeata que percorreu as ruas da capital paulista. Do Recife seguiu uma representação da mulher pernambucana que declarou: "o elemento feminino de São Paulo e de Pernambuco formarão uma frente única contra a cubanização do Brasil".

É ainda sob o impacto emocional e imensa alegria que reina nos nossos corações, que os Maçons de Pernambuco devem, de público, demonstrar os princípios cristãos da Maçonaria e que são verdadeiros e anônimos defensores da liberdade e da união fraternal dos Povos.

Diante do fato histórico que acabamos de presenciar, temos a convicção de que as patrióticas e gloriosas Forças Armadas foram guiadas pelo filho daquele que denominamos Grande Arquiteto do Universo, representado na imagem que se ergue altaneira no cimo do Corcovado, como uma sentinela indormida, velando dia e noite pela paz e tranquilidade da estremecida Pátria, não permitindo jamais que a sanguinária bandeira da Foice e do Martelo tremule sob o céu azul do nosso grande e heroico Brasil.

Tendo a nossa Sublime Ordem permanecido muda durante esses anos de inquietação e incerteza, quando os traidores e vendilhões do solo pátrio, solertes, abrigados pela sombra da noite, como vorazes chacais à espreita da vítima indefesa e confiante, iam conquistando os pontos-chaves da administração para depois entregá-los ao domínio de uma potência estrangeira, à custa de milhares de vidas de Irmãos nossos, torna-se necessário que o mundo Profano conheça melhor os postulados sobre os quais se assenta a Maçonaria, bem assim porque e para que os Maçons se reúnem e trabalham.

Desta forma, propomos que a Maçonaria pernambucana, representada pelas suas Altas organizações, organize uma concentração das Lojas e dos seus Obreiros em praça pública, conduzindo seus respectivos estandartes, convidando as autoridades civis e militares para receberem a nossa homenagem, a nossa solidariedade e os nossos agradecimentos, pela restauração do regime de Liberdade, de Ordem e de Trabalho que nos tinha sido roubado pelos Judas que, para isso, receberam os trinta dinheiros vermelhos.

Propomos ainda que, numa demonstração frisante, leal e sincera de que a Maçonaria é uma instituição que trabalha sob os auspícios de DEUS, as duas Entidades Maçônicas deste Oriente iniciem uma campanha no sentido de angariar donativos do Governo do Estado, Município, e do povo em geral; destinados a erguer, no ponto mais alto da lendária e histórica cidade de Olinda, uma imagem do Cristo Redentor, a exemplo da existente no Rio de Janeiro e outras cidades do Brasil.

Assim, prezados Irmãos, este é o momento em que

devemos deixar de lado a vaidade de posição e conformismo, para trabalhar pela paz e o progresso da nossa terra, hipotecando nossa solidariedade às heroicas Forças Armadas e às mulheres pernambucanas, garantindo a continuação do regime de liberdade que juramos defender, engrandecendo, assim, cada vez mais o Patrimônio que recebemos dos nossos antepassados, Patrimônio que denominamos de Sublime Ordem.

No dia 10 de abril de 1964, foi apresentado em Loja o Manifesto 4:

Esta Augusta e Respeitável Loja, em sessão realizada dia 10 do corrente mês, tomando conhecimento da crônica publicada no JORNAL DO COMÉRCIO de 7 último, sob o título UM 1º DE ABRIL NO QUARTEL DO DERBI, de autoria do Tenente Coronel Agenor Cavalcanti, na qual descreve o desenrolar dos acontecimentos naquela data e no referido Quartel, mencionando os nomes dos oficiais que estavam solidários com o movimento revolucionário redentor e os daqueles que se colocaram ao lado do Comandante Hangho Trench, um dos inúmeros adeptos do regime comunista, figura entre os últimos o nome do Maçom Sebastião Rocha Toscano de Brito (Major), segundo consta, membro da Augusta e Respeitável Loja Simbólica "Vigário Bartolomeu Fagundes Nº 12", resolve o seguinte:

1 – Dirigir um apelo sincero e veemente às coirmãs da Jurisdição, para que, formando um só bloco coeso e forte, se congreguem no sentido de preservar e garantir os sagrados postulados e zelar pelo cumprimento dos princípios e leis que regem a nossa Sublime Ordem.

2 – Tendo em vista a atitude tomada pelas autoridades,

de afastar de todos os setores de atividade os elementos que apoiavam o regime que planejaram implantar na nossa terra, solicitar que seja aplicada pela Grande Loja a mesma medida.

3 – Propor que a Grande Loja determine a expulsão dos Maçons constantes da referida crônica e que tenham se declarado solidários com o então Comandante daquele Quartel.

4 – Sugerir ao Grão-Mestre que seja requerida às autoridades policiais uma relação de todos os elementos fichados como comunista, eliminando sumariamente todos aqueles que porventura pertençam aos Quadros das Lojas jurisdicionadas.

5 – Que a Grande Loja organize um Cadastro de todos que figurarem na relação para futura consulta, toda vez que der entrada na Grande Secretaria qualquer pedido de ingresso na Ordem.

6 – Que seja eliminado todo e qualquer obreiro suspeito de professar ideologia totalitária.

7 – Que o assunto de que tratam os itens anteriores deve ser confiado somente a Irmão sobre o qual não haja a menor suspeita de possuir ou ter manifestado tendência política contrária aos princípios da Maçonaria.

8 – Que a Grande Loja determine que as Lojas não poderão dar andamento a nenhum pedido de ingresso, cujo candidato tenha vindo de outro Oriente, sem estarem de posse das informações favoráveis, as quais deverão ser obtidas no referido Oriente.

9 – A Grande Loja de Pernambuco enviará a todas as

Grandes Lojas e ao Grande Oriente do Brasil, bem como a todas as Lojas da Jurisdição, uma cópia da relação dos elementos fichados e dos parlamentares cujos mandatos foram cassados e dos Maçons expurgados da nossa Ordem.

10 – A Grande Loja solicitará das Grandes Lojas e do Grande Oriente do Brasil, relação dos igualmente fichados, dos parlamentares com mandatos cassados e também dos Obreiros eliminados nos respectivos Orientes pelos motivos acima expostos.

11 – Lembrar que não deve haver a menor contemplação para com os traidores da Pátria e da Ordem, porquanto, se fossem eles os vencedores, os Maçons seriam vítimas dos seus sanguinários propósitos, não sendo difícil que os mesmos estivessem de posse de uma relação contendo os nomes de todos aqueles que há séculos têm defendido a liberdade dos Povos.

12 – Finalmente, lembrar ao Sereníssimo Grão-Mestre que, na qualidade de prefeito de uma cidade, de Grão-Mestre da Grande Loja de Pernambuco e de verdadeiro democrata que é, o seu nome estaria, com toda a certeza, figurando em primeiro lugar na lista daqueles que seriam sacrificados com a vitória dos inimigos da liberdade, conforme se tem verificado em outras cidades do nosso querido Brasil.

∴

Manifesto à Nação – I

Os vinte e sete Grão-Mestres das Grandes Lojas Maçônicas sediadas em cada Estado Brasileiro e no Distrito Federal, reunidos em sua XX Assembleia da Confederação da Maçonaria Simbólica do Brasil[40], na cidade de Curitiba, Estado do Paraná, as quais congregam número superior a duas mil Lojas, atentos aos problemas que envolvem a nacionalidade, deliberaram PROCLAMAR sua posição concernente ao momento socioeconômico e político.

Está em curso nas Américas um processo de antagonismo que poderá degenerar-se em conflitos regionalizados, tendo por palco países centro-sul-americanos, decorrentes da ambição humana que, ao longo dos séculos, vêm impondo, aos povos mais fracos e carentes, sofrimentos de toda ordem. O Brasil, que se situa nessa área, não pode permitir que suas autoridades ignorem o que se delineia em sua vizinhança, como no Peru e no Panamá, onde instituições poderosas como o Banco Mundial e o Fundo Monetário Internacional, a pretexto de encaminhar soluções aos problemas econômicos dessas Nações, apontam a manutenção de suas forças armadas e também dos países não desenvolvidos como a causa do atraso no desenvolvimento da região.

Sem o concurso das Forças Armadas, quedam-se os países à mercê da vontade de interesses inconfessáveis e escusos das nações poderosas, que corrompem as mais fracas ou tomam à força tudo aquilo que lhes convenha.

Por isso, a Maçonaria Brasileira, reunida em sua Confederação, não pode silenciar diante da pressão que se exerce objetivando a desagregação das Forças Armadas Brasileiras, que são fundamentais para a garantia da soberania nacional, como previsto na Constituição.

Não se pode omitir, portanto, dos segmentos organizados da sociedade, que a unidade dessas Forças vem se tornando obsoleta, seja pela perda de recursos humanos competentes, devido

---

[40] A Confederação da Maçonaria Simbólica do Brasil – CMSB é o órgão máximo das Grandes Lojas no Brasil. Conclave formado por todos os Grão-Mestres estaduais se reúne uma vez por ano. – Nota do Autor.

ao aviltamento de sua remuneração, seja pelo sucateamento dos materiais e equipamentos, cujas peças não mais são repostas pelos países fornecedores, os quais não permitem que o País as fabrique; ao mesmo tempo que condenam o desenvolvimento de nossa indústria, impedindo à Aeronáutica o acesso a aviões mais modernos, reduzindo, no Exército, o contingente recrutado e impingindo à Marinha todo tipo de coação para não desenvolver reatores para movimentar seus navios a reação nuclear.

A quebra do equilíbrio bélico no mundo devido às crises social, econômica e política do bloco comunista está a incentivar o bloco capitalista, sufocando os anseios nacionalistas dos países emergentes, como o Brasil, cujo desenvolvimento não pode a Nação admitir seja obstado, para tornar-se uma potência econômica, solidamente forte e consolidada.

Como Maçons, preocupa-nos o advento, no estrangeiro, de planos para a internacionalização da Amazônia. Proteja-se a transformação das Forças Armadas peruanas em Milícia, com a finalidade de combater o tráfico de drogas na região amazônica peruana, onde a falta de delimitação de fronteiras mais de nosso território na área, sob a garantia de um absurdo, inadmissível e insustentável "sistema mundial de segurança coletiva", com a instalação de bases militares, a título de combate ao narcotráfico, mas que, assim como no Panamá e em outros países, em verdade, elas se destinarão a garantir a posse e o domínio daquela parte de nosso território pelos estrangeiros.

Afigura-se, assim, que a preocupação mundial em preservar o meio ambiente e as culturas indígenas da Amazônia se constitui em verdadeira disputa pelo seu território, que organismos internacionais propugnam, a pretexto da defesa dos movimentos ecológicos e que a consciência da Nacionalidade deve repelir.

Estamos preocupados com a boa formação de nossas futuras gerações e com a integridade da Pátria, por isso que apresentamos aos segmentos responsáveis pelo sistema de educação do menor e sua integração na sociedade, diagnóstico e estudo circunstanciado do problema, obviando respostas e sugestões viáveis de serem aplicadas por ação conjunta de comunidade e dos órgãos governamentais em níveis federal, estadual e municipal.

Conclamamos aos Poderes legitimamente constituídos, assim, a questionarem e a impedirem a celebração de acordos, protocolos e convênios, como os do mercado aberto às Américas, sem que sejam plena e previamente discutidos por toda a sociedade e, por igual, que não permitam aos responsáveis pela gestão econômica apropriarem-se dos recursos financeiros de pessoas e empresas, pela quebra de princípios constitucionais que os garantem.

Impõe-se, outrossim, adotar medidas que restabeleçam o equilíbrio necessário, para que as empresas nacionais não sejam descapitalizadas e possam concorrer, na abertura do mercado interno à participação do capital estrangeiro, em igualdade de condições; e não porque inferiorizadas, se vejam na contingência de sujeitarem-se à hegemonia do capital sem pátria, transformando-se, simplesmente, em suas representantes, ou sucumbindo à sua pressão e deixando de existirem. A internacionalização da economia, sem as cautelas necessárias, poderá implicar na perda da soberania nacional, expondo o País ao domínio externo.

Finalmente, aquietem-se as cassandras e os pregoeiros da desarmonia e do caos social, que lhes propicie o domínio, pela propagação falsa da ingovernabilidade, com base num hipotético confronto entre os Poderes Executivo e Legislativo e numa alegada e inexistente inércia do Judiciário, porque todos detêm e demonstram plena consciência de seus deveres e competências democráticas, delimitados pela Constituição, legitimamente outorgada pelo Povo Brasileiro, o qual, chamado, em breve, ao plebiscito dirá sobre o sistema de governo que lhe convém, optando entre o Presidencialismo e o Parlamentarismo, sustentando a Maçonaria ser este o mais viável à promoção, sem traumas, das profundas e urgentes medidas socioeconômicas e políticas, que possam concretizar os anseios da Nação, na busca da realização do progresso, em favor do bem comum, com paz e justiça social.

Curitiba, 11 de julho de 1991.

∴

Grande Loja da Eslovênia

Em 1940, uma onda de ataques à Maçonaria varreu o país. A campanha contra os Maçons foi iniciada pelo Dr. Anton Korošec, porta-voz do presidente do Senado, que, em seu discurso de Ano Novo, publicado no jornal *Slovenec* no final de 1939, jogou comunistas, judeus e Maçons na mesma panela. Descreveu-os todos como destrutivos, organizações subversivas e traiçoeiros, em outras palavras como arqui-inimigos do país. A imprensa do governo em Belgrado e, em especial, os jornais católicos na Croácia e Eslovênia agarraram suas acusações contra a Maçonaria, e intensificaram a campanha contra a Maçonaria em julho e agosto de 1940.

Eles "descobriram" os Maçons entre políticos, cientistas e artistas, bem como no profissional liberal, instituições econômicas e culturais. Com a ocupação fascista e nazista em 1941, a Maçonaria foi dissolvida na Iugoslávia.

Círculos católicos continuaram a atacar os Maçons eslovenos durante a guerra. Eles os acusavam de estar intimamente ligados com os bolcheviques e comunistas, sem qualquer ligação com a realidade.

Maçons que aderiram à Frente de Libertação ou apoiaram a Resistência não o fizeram por serem comunistas, mas por razões puramente patrióticas, e porque eles se opunham ao fascismo e ao nazismo. Os próprios comunistas entregaram os Maçons à polícia para interrogatórios, logo que tomaram o poder em 1945.

Nos anos após a Segunda Guerra Mundial, a administração da cidade de Ljubljana do serviço de inteligência militar (OZNA, mais tarde UDBA) compilou vários arquivos sobre a Maçonaria na

Eslovênia, e sobre os membros da Maçonaria antes da guerra. Esses arquivos estão repletos de dados completamente falsos, mostrando que os comunistas tinham medo dos Maçons, pois eles tinham medo de qualquer outra oposição. A lista dos membros da Loja Ljubljana e de outros Maçons eslovenos, copilados pela polícia e seus informantes, foi muito maior do que o seu número real.

Geralmente, não havia muito para falar ou escrever sobre a Maçonaria na Iugoslávia até 1984, quando Zoran Nenezić publicou pela primeira vez o seu livro *Maçons na Iugoslávia (1974-1980)*. Ele foi o primeiro a oferecer dados mais precisos sobre os Maçons eslovenos e as Lojas. Após o livro de Nenezić, parecia que não seria possível recolher mais dados sobre a Maçonaria na Eslovênia. Mas, em 1989, o presidente da Academia Eslovena de Ciências e Artes Janez Milĉinski entregou ao Museu Nacional uma coleção de itens maçônicos da cidade de Ljubljana, de propriedade da Loja Maçônica "Valentin Vodnik", que seu último membro sobrevivente EvgenLovšin confiou-lhe, pouco antes de morrer. Esta coleção inclui algumas insígnias e alguns documentos que – juntamente com os arquivos, mantidos pelo Ministério do Interior – contribuiu substancialmente para a imagem dos Maçons de Ljubljana e sua Loja.

Na Iugoslávia antes da guerra, a Maçonaria foi relativamente bem desenvolvida na Sérvia e na Croácia. Na Eslovênia, foi limitada a indivíduos. Em seu livro, Nenezić calcula aproximadamente 2.300 membros nas Lojas pré-guerra, a Loja em Ljubljana tinha 18 ou (talvez) um pouco mais. O medo da Maçonaria na Eslovênia, que percorreu ambos os círculos clericais e comunistas, era obviamente muito exagerado. No entanto, houve algumas personalidades importantes da história eslovena cultural e política entre os membros da Maçonaria.

Após 13 de abril de 1941, quando a Loja Maçônica "Valentin Vodnik", composta por 18 membros ativos, deixou de operar, não havia nenhuma atividade maçônica organizada na Eslovênia. Os primeiro Maçons na Eslovênia, após a II Guerra Mundial, foram três Irmãos que foram aceitos na Loja "Pobratimthat", em 1991, de Belgrado, pertencente à Grande Loja da Iugoslávia.

Quando a Iugoslávia se desintegrou, e a Eslovênia e a Croácia tornaram-se países internacionalmente reconhecidos, a Lodge Illyria foi estabelecida em Viena em 21 de março de 1992. Trabalhava sob a Jurisdição da Grande Loja da Áustria com o objetivo de introduzir a Maçonaria na Eslovênia. O primeiro Venerável Mestre da Loja foi o Irmão Cedo Kirchner. A Loja trabalhou, em conjunto para a Eslovênia e a Croácia, em Klagenfurt e Templos em Graz, e, ocasionalmente, também em Viena. Em 26 de setembro de 1992, a Loja teve sua primeira reunião em Ljubljana. Os Maçons eslovenos e croatas tiveram que desfrutar da hospitalidade dos Templos na Áustria, os da Eslovênia trabalharam principalmente em Klagenfurt e os croatas, principalmente em Graz. Trabalhando em separado e aumentando o número de Irmãos, houve a necessidade de dividir a Loja. Em 18 de dezembro de 1993, uma Loja foi fundada pelos Irmãos eslovenos, croatas, enquanto outros continuaram a trabalhar na Loja Illyria. Uma das características típicas da Loja era que muitas vezes trabalhava-se bilíngue (esloveno-alemão), uma vez que Irmãos de Eslovênia trabalhavam junto com seus Irmãos austríacos. Por uma questão de fato, a Loja Illyria trabalhou desta forma, às vezes até em três idiomas, alemão, esloveno e croata. Neste contexto, deve ser mencionado que não havia literatura maçônica disponível e começaram, assim, a tradução em língua eslovena. No entanto, achavam extremamente importante ser capaz de trabalhar em várias línguas, e introduziram esta prática também para o Quatuor Coronati Lodge, quando se hospedavam Irmãos da Áustria, Itália, Croácia e Eslovênia.

A Eslovênia tem uma tradição maçônica razoavelmente longa, embora, no período da II Guerra até 1991, a Maçonaria fosse inexistente no país. Sendo a Loja Illyria a sucessora legítima da Loja "Os Amigos do rei romano e Napoleão", fundada em

Liubliana, em 1812, e da Loja "Valentin Vodnik", que funcionava em Liubliana, até 1941.

O número de Irmãos eslovenos que abraçaram as ideias maçônicas cresceu rapidamente e então fundaram a primeira Grande Loja em toda a história da Eslovênia. Em 16 de outubro de 1999, sob o patrocínio da Grande Loja da Áustria, foi fundada a Grande Loja da Eslovênia.

∴

Proclamação à Nação Brasileira

A Confederação da Maçonaria Simbólica do Brasil, constituída pelas vinte e sete Grandes Lojas Maçônicas do Brasil, reunidas em sua XXXIII Assembleia Geral, em Manaus, no período de 2 a 6 de julho, e considerando defluir de nossos clássicos que a Maçonaria se autodefine em seus Princípios como uma Instituição Universal, essencialmente ética, filosófica e iniciática, cuja estrutura fundamental se constitui em um sistema educativo, tradicional e simbólico. Fundada no sentimento da Fraternidade, constitui o centro de união para os homens de espírito livre de todas as raças, nacionalidades e credos. Como Instituição docente tem por objeto o aperfeiçoamento do homem e da Humanidade. Promove entre seus adeptos a busca incessante da verdade, o conhecimento de si mesmo e do homem no meio em que vive e convive, para alcançar a fraternidade universal do gênero humano. Através de seus membros projeta sobre a sociedade humana a ação benfeitora dos valores e dos ideais que sustenta. Não é uma seita nem é um partido. Exalta a virtude da tolerância e rechaça toda a afirmação dogmática e todo fanatismo. Sustenta os postulados de Liberdade, Igualdade e Fraternidade e, em consequência, propugna a justiça social e combate os privilégios e a intolerância. Na busca da verdade e na obtenção da justiça, é dever dos Maçons manter-se em um lugar avançado no processo evolutivo e integrador do homem e da sociedade. Os Maçons respeitam a opinião alheia e defendem a liberdade de expressão. Almejam unir a todos os homens na prática de uma moral universal que promova paz e entendimento e elimine os prejuízos de toda índole. Amam a sua pátria, respeitam a lei e a autoridade legítima do país em que vivem e em que se reúnem livremente. Considera a Ordem, que o trabalho em todas as suas manifestações é um dos deveres e um dos direitos essenciais do homem e o meio mais eficaz para o desenvolvimento da personalidade, contribuindo com o progresso social.

E nessa oportunidade afigura lícito afirmar que as Grandes Lojas do Brasil, reunidas em sua Confederação, sempre atentas à realidade social que nos cerca, vem pautando seus trabalhos com exemplar fidelidade a esses princípios e postulados. Prova disso está em que, apenas para ficar em exemplos mais recentes, por ocasião da XXXI Assembleia Geral da CMSB realizada em julho de 2002, em Teresina, frente à questão que não perdeu atualidade, deixamos assentado em Conclamação ao Povo Brasileiro:

> *(...) A nossa soberania tão proclamada pelas autoridades constituídas, mas tão descurada por elas mesmas, a ponto de não enxergarem ou não quererem enxergar, o mapeamento estratégico-militar e dos recursos naturais por "missões" estrangeiras ilegalmente instaladas na Amazônia Legal, está sob constante ameaça de outras potências econômicas, ameaça que seus líderes não escondem e proclamam de viva voz aos quatro ventos em todos os meios de comunicação. As Grandes Lojas Maçônicas do Brasil têm consciência plena de que as Forças Armadas necessitam ser munidas de instrumentos adequados para que se cumpra o ditame constitucional da soberania. E nessa necessidade, longe de ser um favor meramente político, é um dever inarredável do Estado Democrático.(...)*

De igual sorte, no ano seguinte, por ocasião da XXXII Assembleia Geral, em Porto Alegre, em Carta Aberta ao Povo Brasileiro, consignou-se

> *(...) Urge, também, que o povo brasileiro desperte para a grave realidade da ameaça velada ao nosso território, alertadas reiteradas vezes em proclamações anteriores, antes que nos tornemos as testemunhas oculares de seu fracionamento em benefício de países estrangeiros, notadamente aqueles sempre ávidos por mais e mais riquezas, à custa do sacrifício do povo. A exemplo, constatado, com a demarcação excessiva de áreas indígenas no Estado de Roraima, a invasão de terras produtivas no Estado de Rondônia, além de outras regiões da Amazônia, com providências aquém do necessário pelos organismos regularmente constituídos.*
>
> *Cumpre às autoridades responsáveis, às quais toca o resguardo dos supremos destinos da Nação Brasileira, que se recordem do juramento que prestaram sobre a Constituição, no dia de suas posses, nos cargos para os quais foram eleitos por este povo sofrido e desiludido. (...)*

E nesse momento, mais do que nunca, é necessário que insistamos nessa temática, sendo certo que principalmente os brasileiros que habitam essa imensa e maravilhosa região do país, onde ora nos encontramos, são testemunhas presenciais de sua atualidade. Sucede que a pretexto de solucionar causa nobre, elevada a dignidade constitucional pela Carta Magna de 1988, e respeitante à organização social e às terras tradicionalmente ocupadas pelos índios, ações permeadas por interesses escusos e arquitetadas alhures têm colocado em risco a própria soberania nacional, fato para o qual, como visto, vem sendo chamada a atenção da Nação, de há muito, pela nossa Confederação.

Sob tal aspecto, os números envolvidos nessa questão são expressivos e falam por si. Segundo dados existentes, cerca de 400 mil índios, que vivem em 554 reservas, representam 0,24% da população brasileira, sendo a eles destinados aproximadamente 12% do território nacional. Nessa equação, e levando em conta a extensão do território nacional (851.196.500 ha.), enquanto a cada brasileiro não índio são destinados apenas cinco hectares, cabe a cada índio 212,79 ha. Importa ainda observar que uma vez homologada em área contínua às reservas tidas como litigiosas Raposa/Serra do Sol em Roraima, 11 mil índios ocuparão uma área de 1.678.800 hectares, num Estado em que 47% de seu território já é considerado terra indígena.

Não se pretende ao trazer a lume com esses dados, em absoluto, negar direitos assegurados constitucionalmente aos índios, cuja gênese reside no próprio direito natural da providência, aliás, em boa hora tratada pelo legislador constitucional (artigos 231 e 232 da Constituição Federal), ou sair em defesa de interesses meramente econômicos de quem quer que seja. Pretende-se ressaltar, isso sim, fato inequívoco e dotado de extrema gravidade, consistente no propósito subjacente da criação de uma nação indígena reconhecida internacionalmente, em área contínua, dentro do território brasileiro. Disso poderá resultar, afora manifesta ofensa à soberania nacional, a própria desnacionalização da Amazônia, por ação de organismos internacionais em ação livre naquela região.

Paralelo a isso cabe ainda assinalar que a Região Amazônica não pode mais ser vista como um espaço aberto para a implantação de programas desenvolvimentistas que ignorem as necessidades e os interesses regionais, nem como uma enorme reserva ecológica-indígena a ser mantida intocável. Na realidade deve ser ela tratada como uma região ecologicamente importante, de rica biodiversidade, mas também uma das mais atrasadas em vários aspectos, onde vive uma população que carece de infraestrutura básica para o seu desenvolvimento econômico.

Daí porque se faz necessário perseverar, cumprindo a nós, como depositários legítimos dos postulados e princípios maçônicos enunciados no preâmbulo, o dever de estimular a ação dos Maçons de hoje, descendentes diretos de abnegados construtores sociais de ontem, com vistas a atender os anseios da nação brasileira, vertidos no sentido de ser preservada a qualquer custo a intangibilidade da soberania nacional.

∴

Proclamação ao Povo Brasileiro

A Confederação da Maçonaria Simbólica do Brasil – constituída das 27 (vinte e sete) Grandes Lojas Maçônicas do Brasil –, reunida no período de 12 a 16 de julho de 2005, na Cidade de Vitória – Espírito Santo, por ocasião da realização da sua XXXIV Assembleia Geral, dentro do secular, primordial e inarredável compromisso da Ordem Maçônica com os ideais de Liberdade, Igualdade e Fraternidade, manifesta ao povo brasileiro sua preocupação diante do atual quadro político social, e dos graves problemas dele decorrentes, o que exige medidas enérgicas e destemidas para a sua solução, sob pena de converter-se em duro castigo ao povo, com sérios e irreparáveis prejuízos às Instituições, e ao próprio Estado Democrático de Direito, com a quebra da Soberania Nacional e

PROCLAMA

1 – O repúdio à corrupção que hoje corrói as Instituições que alicerçam o Estado Democrático de Direito, pondo em risco a própria governabilidade, exigindo ampla e rigorosa apuração dos fatos, com punição exemplar dos responsáveis.

2 – Que essa falta de ética e moralidade no trato da coisa pública tem propiciado diversas tentativas de desnacionalização da Amazônia com ameaça à Soberania Nacional, pelo que propõe a

criação de uma Empresa Pública de capital exclusivamente Nacional – "Minerobrás" –, instituindo o monopólio do Estado Brasileiro para a exploração das riquezas minerais da Amazônia.

3 – Ser necessário o reaparelhamento das Forças Armadas, capacitando-as adequadamente, para que se cumpra o ditame constitucional de preservação da Soberania Nacional, com controle rigoroso de nossas fronteiras.

4 – Que não aceita a forma como está sendo feita a Reforma Agrária, com incentivo a movimentos de índole antidemocrática, que pregam a violência, a desobediência civil e o desrespeito ao legítimo direito de propriedade, pugnando seja realizada visando à melhoria de qualidade de vida dos menos afortunados, sem fins eleitoreiros, objetivando, unicamente, justa e equânime divisão e exploração das terras comprovadamente improdutivas.

5 – Finalmente, que se sente na obrigação de alertar as Autoridades do setor, no sentido de que, nas questões relativas à transposição das águas do Rio São Francisco se observem, rigorosamente, as normas técnicas, quer no que diz respeito às obras de construção, quer no tocante às consequências que dela poderão advir, como impactos ambientais negativos e revitalização permanente do rio, visando, sempre, preservar, de forma equitativa, os interesses das coletividades por elas abrangidas.

Vitória – ES, 16 de julho de 2005.

∴

Livro em Defesa da Amazônia

Em 2005, o Grão-Mestre da Grande Loja do Estado do Rio de Janeiro lançou o livro *A Maçonaria Pela Integridade da Amazônia em Defesa da Soberania do Brasil.*

∴

Carta à Nação – I

A Confederação da Maçonaria Simbólica do Brasil – constituída das 27 (vinte e sete) Grandes Lojas Maçônicas do Brasil – reunida no período de 7 a 12 de julho de 2006, na cidade de Foz do Iguaçu, no Estado do Paraná, por ocasião da realização de sua XXXV Assembleia Geral, preocupada com o estado de perplexidade e confusão da sociedade brasileira, diante de uma sequência interminável de escândalos que envolvem a dilapidação do patrimônio público, onde sanguessugas, mensaleiros e os mais diversos tipos de assaltantes dos cofres públicos, muitos ainda livres e soltos, e que continuam a escarnecer daqueles que são honestos, enquanto os poderes constituídos se quedam inertes, conflituosos entre si, porquanto o Executivo legisla abusivamente através de medidas provisórias, valendo-se delas o Legislativo para manter suas pautas obstruídas, com isto retardando a elaboração legislativa e edição de leis que digam com os reais interesses do Povo e da Nação, ao tempo e que o Judiciário, alegando excesso de feitos que lhe são submetidos, retarda a prestação jurisdicional em verdadeira denegação de Justiça,

PROCLAMA

A imediata necessidade que se retorne ao eixo de equilíbrio entre as Estruturas da República, para que se restabeleça o bem-estar do povo brasileiro. Que as eleições gerais que se avizinham sejam momento propício para realizar-se uma expressiva limpeza no quadro político nacional, restaurando-se o respeito à coisa pública, através do voto depositado em nomes capazes de ouvir e atender ao clamor público, tudo sem exclusão das medidas administrativas e judiciais que visem exemplar punição dos responsáveis.

Registre-se que, por conta deste estado de coisas, faltam recursos para a educação, saúde e segurança pública, recuperação e construção de estradas, proteção do meio ambiente e dos recursos naturais, e tantos outros bens que a Nação reclama e almeja.

Finalmente, conclama o povo brasileiro para uma jornada cívica de saneamento da vida pública e a retomada do verdadeiro sentido de cidadania, com absoluto respeito à coisa pública, às leis, e aos mais altos interesses do Brasil.

Foz do Iguaçu – PR, 12 de julho de 2006.

∴

Amazônia, Soberania Nacional

Em 2006, o Grande Oriente do Brasil lançou a Campanha Amazônia, Soberania Nacional, tendo por objetivo a conscientização das pessoas quanto à importância da preservação do meio ambiente e atua contra a internacionalização desse território.

∴

Carta à Nação – II

A CONFEDERAÇÃO DA MAÇONARIA SIMBÓLICA DO BRASIL – C.M.S.B., constituída das 27 (vinte e sete) Grandes Lojas Maçônicas do Brasil, reunida no período de 16 a 21 de julho de 2007, na cidade de Recife – Capital do Estado de Pernambuco, por ocasião da realização de sua XXXVI Assembleia Geral Ordinária,

PROCLAMA

A urgente necessidade de que os agentes do Poder Público, eleitos pelo povo ou nomeados para os distintos cargos ou funções dos diversos Entes que constituem a República, exerçam-nos com a absoluta obediência aos princípios éticos e morais que devem presidir as ações do gestor da coisa pública.

De outra feita, que a União cumpra a disposição Constitucional que determina o repasse orçamentário para o Sistema Único de Saúde – SUS, necessário aos cuidados das populações menos favorecidas do País, as quais, por falta dessas verbas, têm precário atendimento às mínimas necessidades que lhes assegure vida digna.

De igual, para evitar o colapso que se avizinha na Educação Pública, impõem-se à União, aos Estados e Municípios o cumprimento, rigoroso, das disposições constitucionais que determinam ser direito de todos e dever do Estado promover o pleno desenvolvimento da pessoa para o exercício da cidadania.

Urge que os Poderes competentes adotem as medidas indispensáveis para evitar o descontrole instalado na segurança pública, inibindo as ações deletérias de grupos marginais organizados, que atuam em detrimento da ordem imprescindível ao desenvolvimento socioeconômico do povo brasileiro.

Finalmente, consternada com os sucessivos acidentes aéreos que enlutaram tantas famílias brasileiras, apresenta-lhes sua solidariedade, exigindo dos responsáveis pelo tráfego aéreo as urgentes e indispensáveis medidas que impeçam o verdadeiro caos que reina nesse setor.

Recife – PE, 21 de julho de 2007.

∴

Maçonaria Entra na Campanha Contra o Leilão das Reservas de Petróleo e Gás

A campanha contra os leilões das reservas brasileiras de petróleo e gás ganhou um poderoso aliado: a Maçonaria. A revelação foi feita pelo Inspetor Geral da Ordem Maçônica do Rito Escocês Antigo e Aceito, José Inácio Conceição, que, além de Maçom – a palavra significa pedreiro –, trabalhou na Petrobras por 49 anos.

A campanha contra a progressiva privatização da Petrobras e

contra a entrega das riquezas nacionais a grupos estrangeiros está, desde já, entre as novas prioridades apontadas pelo inspetor geral, em especial para os Maçons petroleiros, que não são poucos. Um levantamento interno chegou a cadastrar 7.273 Irmãos petroleiros. No Rio de Janeiro, são mais de 3 mil.

José Inácio garante que haverá uma reviravolta no processo de privatização da Petrobrás:

> *Não existe um único município desse país, que tenha pelo menos 10 mil habitantes, onde não haja um Maçom. Estamos presentes em todos os lugares, em todos os segmentos sociais, e estaremos trabalhando juntos para reverter o processo de entrega das riquezas do país e para recobrar valores como a estima da nacionalidade, o amor à pátria e à família. O presidente da Petrobras tem poder, mas não tem mil olhos.*

Entre os petroleiros, o trabalho da Maçonaria já começou. O primeiro passo, em 2005, em Santos, foi a realização do I Encontro Nacional dos Petroleiros Maçons. No II Encontro Nacional, em 15 de novembro de 2007, a data não foi escolhida ao acaso. Segundo José Inácio,

> *serviu para homenagear a República e, ao mesmo tempo, testar o grau de conscientização política dos Maçons petroleiros, pois em feriados prolongados se costuma priorizar as viagens com a família. A resposta foi excelente. Participaram centenas de Irmãos, de norte a sul do país. A principal resolução do II Encontro foi a defesa intransigente da Petrobras e a construção de ações de massa, pois de outra forma não conseguiríamos vencer uma elite gananciosa que atua para desestabilizar o Brasil.*

∴

Carta da Maçonaria Paulista Contra a Corrupção

Combater a corrupção em todas as suas formas é um dever maçônico e uma exigência da sociedade, acabando com essa epidemia social que subtrai do povo a possibilidade de uma vida digna e o pleno exercício da cidadania, negando a todos o direito à esperança de um futuro melhor;

Nós, Maçons jurisdicionados ao Grande Oriente de São Paulo, federado ao Grande Oriente do Brasil e da Grande Loja Maçônica do Estado de São Paulo, reunidos na noite do dia 20 de agosto de 2007 na Capital do Estado, nas dependências da Assembleia Legislativa do Estado de São Paulo, em Sessão solene comemorativa do Dia do Maçom, debatemos e aprovamos os seguintes princípios desta carta, denominada *"Carta da Maçonaria Paulista Contra a Corrupção"*.

Tendo em vista que:

1. Vivemos no Brasil um cenário de exclusão social, onde a miséria, o preconceito e a corrupção são os principais vilões do País emergente. A miséria leva à marginalidade milhões de pessoas; o preconceito afasta o indivíduo das relações sociais, marginalizando-o; e, finalmente, a corrupção mostra a face mais sombria e tenebrosa dessa exclusão social, pois, como decorrência direta da malversação do dinheiro público, faltam recursos para investimentos em educação, saúde, habitação, segurança e transportes. Assim, as populações mais pobres, que demandam a grande maioria dos serviços públicos, ficam prejudicadas, impedidas até mesmo de exercer o legítimo direito constitucional de ir e vir;
2. Combater a corrupção em todas as suas formas é um dever maçônico e uma exigência da sociedade, acabando com essa epidemia social que subtrai do povo a possibilidade de uma vida digna e o pleno exercício da cidadania, negando a todos o direito à esperança de um futuro melhor;

E considerando que:

- A história pátria brasileira se confunde com a ação de vanguarda social exercida pela Maçonaria através de árduas lutas e conquistas nacionais, legando ao povo o desfrutar da verdadeira liberdade responsável;
- A permanente e relevante representatividade da Maçonaria na sociedade paulista e brasileira fazem-na uma força viva da sociedade;
- A constante preocupação da Maçonaria com as questões sociais regionais e nacionais, acompanhando a evolução humana e identificando um pensamento social cada vez mais exigente para o acolhimento de soluções sérias e definitivas, caracterizando um real interesse na valorização da família brasileira;

Concluímos que:

É necessário recuperar a moralidade pública e instituir a transparência como fio condutor das ações governamentais, criando através da Maçonaria sistemas de operação mais eficientes e permitindo melhor controle da gestão pública, viabilizando fiscalização efetiva e uma oitiva da vontade popular, incentivando a participação da sociedade nas questões de relevante interesse público. Portanto, as Potências Maçônicas que esta subscrevem decidem:

1. A Maçonaria atuará de maneira homogênea, exigindo dos Maçons que se acham investidos em funções públicas um comportamento ainda mais austero e compatível com o rigor da Filosofia Maçônica;
2. Estimular todos os Maçons para que se transformem em focos permanentes de luta contra a corrupção na sociedade, trabalhando ainda para difundir essa luta junto a todos os cidadãos com quem convivem;
3. Acentuar em cada Loja Maçônica a importância da tomada de posição clara e firme que precisa ser tomada por ocasião das eleições municipais, estaduais e federais, orientando

os Maçons, e, sempre que possível, promovendo debates entre candidatos;

4. Criar no âmbito das Jurisdições Maçônicas um Fórum permanente destinado à análise e discussão das origens, práticas e disseminação da corrupção, definindo e adotando, ao final, medidas práticas e contundentes para extirpar todas as ramificações da corrupção;
5. Desenvolver um cadastro de restrição maçônica onde constem todos os nomes de pessoas envolvidas nas condenáveis práticas de corrupção e improbidade administrativa, mantendo tais indivíduos vigiados e afastados de qualquer contato maçônico, e, sempre que possível, mantê-los fora do serviço público;
6. Promover a construção de uma sociedade revigorada em seus princípios morais e sociais, baseando-nos para tanto na trilogia Liberdade, Igualdade e Fraternidade;
7. Para que sejam concretizadas as decisões anteriormente expostas, as Potências Maçônicas signatárias desta comprometem-se a manter uma comunicação comum e homogênea entre todos os Maçons jurisdicionados, conscientizando-os da gravidade do problema e também da importância da participação individual para viabilizar as soluções propostas, a fim de obter um congraçamento de trabalho produtivo e sempre sob os auspícios do Grande Arquiteto do Universo.

São Paulo, 20 de agosto de 2007.

Benedito Marques Ballouk Filho
Eminente Grão-Mestre do Sereníssimo Grande Oriente de São Paulo

Pedro Luiz Ricardo Gagliardi
Grão-Mestre da Grande Loja Maçônica do Estado de São Paulo

∴

Proclamação Pública

A CONFEDERAÇÃO DA MAÇONARIA SIMBÓLICA DO BRASIL – C.M.S.B, entidade que congrega 2.557 Lojas Maçônicas situadas por todos os rincões do País e mais de 100.000 (cem mil) Maçons, reunida em sua XXXVII Assembleia Geral, em Salvador – Bahia – torna público seu posicionamento favorável ao movimento moralizador desencadeado pela Justiça Eleitoral no sentido de impedir que concorram nas próximas eleições candidatos que respondam a processo que macule o princípio ético que deve nortear aquele que almeja o exercício da função pública.

Dessa forma, convoca todos os Maçons e a sociedade a fazer desta bandeira uma cruzada, não votando naqueles que, nesta condição, obtenham seus registros via artifício jurídico, como forma de bani-los de uma vez por todas do cenário político, fazendo deste ato um marco fundamental de moralização para a vida pública nacional.

Salvador, 12 de julho de 2008.

∴

Maçonaria Unida por São Paulo

Seguindo nossa vocação cívica, constituição, os princípios da Maçonaria Universal e ouvindo o clamor dos Obreiros nas Lojas das três obediências em todo o estado, o GOP somou-se ao GOSP e à GLESP e, em 2008, as três Obediências deixaram de lado diferenças históricas e passaram a pugnar juntas num programa de ação emergencial e objetiva contra a corrupção: a de estender aos Irmãos-Candidatos que reafirmassem em Loja o seu compromisso com ideais e princípios da Ordem, todo o apoio que as três Potências conseguissem reunir em favor deles. Ali nasceu o Movimento Maçônico que se intitulou "Maçonaria Unida por São Paulo". Balanço do Programa de Inserção Política em 2008 - graças ao programa de reinserção na Política, pela primeira vez em sua história, embora tardiamente (agosto de 2008), o GOSP, em nome da Maçonaria Paulista, ofereceu suas instalações e organizou seminário e reuniu especialistas em diversas áreas de campanha para oferecer aos Irmãos Candidatos cursos sobre direito, pesquisa, marketing, propaganda, assessoria de imprensa e organização de campanhas eleitorais, colocando à disposição de quem o requisitasse serviços de pesquisa, processamento de dados, estratégias de campanha, criação publicitária e sugestão de discurso.

∴

Proclamação ao Povo Brasileiro – I

A CONFEDERAÇÃO DA MAÇONARIA SIMBÓLICA DO BRASIL – C.M.S.B, constituída das 27 Grandes Lojas Maçônicas do Brasil, que congregam 2.557 Lojas Maçônicas situadas por todos os rincões do País e mais de 100 mil Maçons, reunida em sua XXXVII Assembleia Geral, em Salvador – Bahia:

1. torna público seu incondicional apoio ao movimento moralizador desencadeado pela Justiça Eleitoral, no sentido de impedir a participação, a partir desta eleição, de candidatos processados por macular princípios éticos que devem nortear aqueles que aspiram ao exercício da função pública, convocando todos os Maçons e a sociedade a fazer cruzada, não votando naqueles que, nessa condição, obtenham seus registros, via artifício jurídico, como forma de bani-los, vez por todas, do cenário político e fazendo, desse ato, marco fundamental de moralização para a vida pública nacional;
2. exorta a Maçonaria Brasileira e as demais Instituições comprometidas com a cidadania e com os superiores interesses da Pátria, para que pressionem os senhores membros do

Congresso Nacional a não homologarem a Declaração dos Direitos dos Povos Indígenas, aprovada pela ONU em 13 de setembro de 2007, por violar princípio constitucional e constituir-se em real ameaça à integridade territorial do País, atingindo, frontalmente, a Soberania Nacional;

3. confia que o Supremo Tribunal Federal, na questão relativa à área indígena "Raposa Serra do Sol", no Estado de Roraima, decidirá pela preservação do princípio da defesa da Soberania Brasileira sobre aquela imensa e riquíssima Unidade Federada, evitando, assim, a demarcação de território contínuo e fronteiriço, que somente atenderá a entidades descompromissadas com o interesse nacional;
4. manifesta preocupação quanto ao gradativo e incentivado despovoamento das nossas fronteiras amazônicas, a pretexto da criação de unidades de conservação ambiental e/ou indígena, restringindo o ingresso de brasileiros, e com a ausência do poder público, exceto a do Exército Brasileiro, mesmo desprovido dos meios necessários para o exercício de suas mais elementares funções constitucionais.

Salvador, 15 de julho de 2008.

∴

Proclamação ao Povo Brasileiro – II

A CONFEDERAÇÃO DA MAÇONARIA SIMBÓLICA DO BRASIL – C.M.S.B, constituída das 27 Grandes Lojas Maçônicas do Brasil, que congregam aproximadamente 100 mil Maçons distribuídos nas Lojas Maçônicas situadas em todos os rincões do País, reunida em sua XXXVIII Assembleia Geral Ordinária, em Goiânia – Goiás, registra:

1. a pública notória propagação do germe da corrupção no território pátrio, como se fosse epidemia, contaminando

e destruindo os princípios morais e básicos da civilidade, afetando a todos, inclusive comprometendo as futuras gerações;

2. o inconformismo com a impunidade dos afortunados pela ilicitude, que afeta e corrói a formação moral da sociedade brasileira, na certeza de que, todos, igualmente, devem responder por seus atos e ser punidos proporcionalmente à falta cometida;
3. a urgência de uma reforma nas estruturas dos Poderes construídos, como passo fundamental para que sejam eliminadas as causas das mazelas que vêm afligindo a cidadania;
4. o necessário envolvimento das entidades civis organizadas e do povo em geral, na luta para superação dos desmandos e na reconstrução de uma sociedade mais ética, fraterna e solidária;
5. o importante papel da Maçonaria, organizada nas Grandes Lojas Maçônicas, na deflagração da luta contra os males que vêm causando tantos danos ao povo, na esperança de que, com a participação de todos, sejam alcançadas as mudanças culturais e estruturais, para que, num futuro próximo, a família brasileira possa usufruir de um País mais justo e perfeito.

Goiânia – GO, 11 a 16 de julho de 2009

∴

Partido Comunista da Federação Russa Contra a Maçonaria

O Partido Comunista da Federação da Rússia realizou manifestações em várias regiões para protestar contra a reforma militar, acusando o Governo de Vladimir Putin de pretender destruir as

Forças Armadas. Na URSS, 23 de fevereiro de 2009 era o "Dia do Exército e da Marinha Soviéticos" e, hoje, continua a ser comemorado, mas com outro nome: "Dia do Defensor da Pátria".

Além de participarem no comício de protesto, os manifestantes podiam adquirir livros sobre os feitos do ditador comunista Joseph Stalin ("Generalíssimo", "Verdades e mentiras sobre Stalin", etc.), **bem como sobre as "intrigas" da Maçonaria e dos judeus contra a Rússia: "Maçons no poder"**, "Escritores russos sobre os judeus", "Sionismo como fonte do fascismo".

∴

Manifesto da Grande Loja Maçônica do Rio Grande do Sul

Em 16 de julho de 2009, a Grande Loja Maçônica do Rio Grande do Sul fez publicar no jornal *Zero Hora*, o seguinte Manifesto:

> *Estamos vivenciando a pior das crises de nossos tempos. Nossa nação é espoliada e grande parte da população está desanimada, frente à contínua e histórica prática de alguns políticos. A política – arte constitucional de transformar e melhorar as condições de vida da população – é considerada por muitos a arte da mentira e da fraude. A sociedade há muito espera uma manifestação dos Maçons frente a este caos social. Pois bem, neste Manifesto de Santa Cruz, nós, Maçons, vimos responder aos anseios de nossa população. Até quando aceitaremos que pessoas mal intencionadas, não comprometidas com o bem-estar geral da nação, continuem administrando e governando de forma irresponsável os rumos de nossa pátria? Até quando assistiremos estes senhores cometerem as mais absurdas medidas? Passam-se os anos e nosso povo*

continua analfabeto, sem emprego, com fome e morrendo nas filas dos SUS, nossos aposentados sofrendo nas filas intermináveis do INSS.

Não se admite que faltem médicos nos hospitais públicos e sobrem funcionários e serviçais de políticos pagos com o dinheiro dos nossos impostos. Nós, Maçons, não aceitamos que uma lacuna jurídica reconduza a seus postos, agentes públicos condenados por corrupção. Em Brasília, a conhecida prática de renúncia para não perder o mandato e poder ser reeleito não pode mais ser aceita! Somos agentes da história. Conclamamos a todos que acreditam que a nossa nação não pode ser mais surrupiada, a caminhar conosco, em busca da volta dos princípios basilares da Honestidade, Ética e Verdade. Sociedade! Nós, Maçons, homens Livres, de Bons Costumes, estamos caminhando e defendendo a causa de nosso Brasil. Esperamos que nossas palavras não se percam com o vento, e sim encontrem eco nos corações e mentes de todos os verdadeiros brasileiros, participando conosco deste momento, da mesma maneira como no passado. Nós, Maçons, estamos dispostos a contribuir para a história de nosso querido Brasil. O Brasil não é para poucos, e sim para todos os brasileiros! O mundo depende daqueles que acreditam na beleza dos seus sonhos. Sonhemos um novo Brasil.

∴

Um Deputado Federal Maçom e Comunista

Como tudo muda, temos um deputado federal comunista, do Partido Comunista do Brasil, é o ex-delegado da polícia federal Protógenes de Queiroz, que comandou a Operação Satiagraha.

Foi eleito em 2010, pelo estado de São Paulo, obtendo 94.906 votos. Seu Assessor Parlamentar para Assuntos Institucionais é o Maçom e Grande Secretário de Políticas Públicas, Irmão Vanderlei Venceslau Faria.

∴

Proclamação ao Povo Brasileiro – III

A CONFEDERAÇÃO DA MAÇONARIA SIMBÓLICA DO BRASIL – CMSB, constituída de 27 Grandes Lojas, que congregam mais de 100 mil Maçons distribuídos nas Lojas Maçônicas situadas em todo o País, reunida em sua XXXIX Assembleia Geral Ordinária, em Belém – Pará, conclama o Povo Brasileiro para que, unidos, continuemos na defesa intransigente da ética, da moral e da soberania nacionais, propugnando, ainda, pela(o):

1. Garantia permanente da liberdade de imprensa, como alicerce do Estado democrático de direito;
2. Exercício do voto consciente, afastando do cenário político candidatos não comprometidos com o decoro necessário ao desempenho da função pública;
3. Observância da proteção ambiental adequada, que assegure o desenvolvimento sustentável e a qualidade de vida da população;
4. Combate aos grupos extremistas existentes no território nacional, exigindo ação imediata das autoridades constituídas, pondo fim às suas atividades ilícitas; e, finalmente,
5. Necessidade de implementar ações efetivas de enfrentamento à disseminação das drogas, à criminalidade e de defesa à juventude, visando reduzir o lamentável estado de insegurança que permeia a sociedade brasileira.

Belém, 15 de julho de 2010.

∴

Proclamação ao Povo Brasileiro – IV

A CONFEDERAÇÃO DA MAÇONARIA SIMBÓLICA DO BRASIL – CMSB, representando mais de 110.000 Maçons filiados às vinte e sete GRANDES LOJAS MAÇÔNICAS de todas as Unidades Federativas do Brasil, reunida em sua XL Assembleia Geral Ordinária, nos dias 02 a 06.07.2011 na cidade de Aracaju – SE, conclama o Povo Brasileiro para que, unidos, continuemos na defesa intransigente da ética e da moral, propugnando ainda pelo efetivo envolvimento de todas as Grandes Lojas confederadas nos seguintes assuntos de interesse nacional:

1. Priorização das políticas de educação no País, com alteração substancial do modelo existente, e com participação direta e efetiva da União Federal em todos os níveis, inclusive com revisão do pacto federativo.
2. Institucionalização de políticas preventivas e educacionais de combate ao uso de drogas, voltadas ao público infantil e juvenil nas áreas de abrangência e de atuação de todas as Grandes Lojas brasileiras.
3. Estabelecimento de parcerias com o Governo e com a sociedade organizada na implementação de políticas públicas de defesa das crianças, adolescentes e proteção à velhice.
4. Participação efetiva nos projetos de proteção ao meio ambiente através de políticas que garantam a sua preservação, a qualidade de vida da população e ao mesmo tempo possibilite o desenvolvimento sustentável.

Aracaju – SE, 6 de julho de 2011

∴

Na Albânia

País sob o regime comunista desde 1944, após a retirada dos nazistas, foi fundada em 21 de outubro de 2011, graças aos esforços do Grande Oriente da Itália, a Grande Loja da Albânia. Dez Grandes Lojas participaram do evento, presidido por Thomas Jackson, acompanhado pelo Grão-Mestre do Grande Oriente da Itália, Gustavo Raffi; pelo Grão-Mestre da Grande Loja Nacional da Grecia, Nicolaos Vourgidis e pelo Grão-Mestre da Grande Loja da Sérvia, Petar Kostic.

∴

Maçonaria Goiana Contra a Corrupção

Em Iporá – Goiás, assim como em todo o Brasil, a Maçonaria desencadeia uma luta pela reforma política e contra a corrupção. Membros da Loja Paz e Trabalho (Grande Loja de Goiás) estão coletando assinaturas em um abaixo-assinado que pede a regulamentação do artigo 14º da Constituição Federal, que trata do plebiscito, o referendo de iniciativa popular.

A Maçonaria defende que certos temas só possam ser decididos pelo próprio povo, por meio de plebiscito ou referendo, e pede que haja menos exigências para os projetos de iniciativa popular, com rito próprio no Congresso Nacional. O abaixo-assinado pede ainda o fim dos privilégios para os parlamentares.

Também em Goiânia há movimentação da Maçonaria com vistas à luta contra a corrupção. O dia 15 de novembro de 2011, feriado da Proclamação da República, foi declarado "dia nacional de marcha", quando será realizada a 2ª Marcha Maçônica Contra a Corrupção e a Impunidade, com uma caminhada na cidade, organizada pela Grande Loja Maçônica do Estado de Goiás.

∴

Partido Comunista Português Proíbe Filiados Maçons

Em janeiro de 2012, o Partido Comunista Português assumiu que barra aos seus militantes a pertencerem à Maçonaria. "*A filiação na maçonaria ou em qualquer outra organização de cariz secreto é incompatível com a condição de membro do PCP*", afirma a direção comunista, "o *compromisso político de um membro do PCP é para com o seu partido, o seu projeto e ideal*", explicam os comunistas. Os comunistas alinham-se com os outros partidos quando se discute o absurdo de tornar obrigatória uma declaração de interesses aos Maçons que queiram assumir cargos políticos.

Anexos

Anexo I

O PCB registrou-se legalmente como sociedade civil. No *Diário Oficial* da União, de 7 de abril de 1922, nas páginas 60/70, publicou o registro, sob o título Sociedades Civis:

"Extrato dos Estatutos do Centro do Partido Comunista do Brasil.

"Da Constituição do Partido

"Art. 1º – Fica fundada, por tempo indeterminado, uma sociedade civil, no Rio de Janeiro, ramificando-se por todo o Brasil, tendo por título Centro do Partido Comunista do Brasil, mas que será chamado Partido Comunista, Seção Brasileira da Internacional Comunista.

"Art. 2º – O Partido Comunista do Brasil tem por fim promover o entendimento, a ação internacional dos trabalhadores e a organização política do proletariado em partido de classe, para a conquista do poder e consequente transformação política e econômica da sociedade capitalista em sociedade comunista.

"d) – os membros da sociedade não respondem solidariamente pelas obrigações sociais.

"Da Comissão Central Executiva.

"Art. 13 – A Comissão Central Executiva se compõe de cinco membros titulares e cinco suplentes, eleitos pelo congresso.

"a) até à realização do 2º Congresso Ordinário do Partido, só podem ser eleitos para a Comissão Executiva aderentes já filiados anteriormente á data de realização do congresso constituinte.

"Art. 14 – De acordo com o princípio da centralização democrática, a Comissão Central Executiva:

"a) representa e dirige o partido em sua multíplice atividade e promove a execução das resoluções dos congressos nacionais e internacionais;

"b) vela pelo respeito ao programa e aos estatutos do partido, tornando efetivas as medidas disciplinares previstas nos mesmos estatutos;

"c) mantém o mais rigoroso controle político sobre todos os organismos do partido, e é responsável pela orientação dos órgãos centrais e em geral por todas as publicações do partido;

"d) mantém relações com todos os partidos comunistas de outros países e com a Internacional Comunista e com outras instituições proletárias;

"c) apresenta em cada congresso um relatório geral sobre a marcha e o estado dos organismos componente do partido.

"Art. 17 – São as seguintes as atribuições especiais de cada encarregado de serviço:

"a) serviço de secretaria geral: tem a seu cargo as funções inerentes à secretaria geral do partido, representa a comissão central executiva, vela pela aplicação das resoluções da mesma, pela organização e disciplina dos centros, organiza e controla a propaganda geral do partido. O membro titular que exerce a secretaria geral é o representante da sociedade, ativa e passivamente, judicial e extrajudicialmente.

"Art. 40 – Unicamente os congressos do partido têm capacidade de realizar reformas e modificações nos presentes estatutos, uma vez que sejam baseadas nos princípios e resoluções da Internacional Comunista; bem como só um congresso, especialmente convocado, pode resolver a extinção da sociedade e determinar o destino do seu patrimônio.

"(Estatuto aprovado em assembleia geral de 27 de março de 1922)

A comissão central executiva: – Abílio de Nequete, secretário-geral . – Antonio Canellas – Astrojildo Pereira. – Antônio Gomes Cruz Júnior – Luís Peres."

Anexo II

A única fonte de informação documental existente sobre a fundação do Partido Comunista do Brasil é notícia publicada na revista *Movimento Comunista*, número 7, de junho de 1922.

"Em meados de fevereiro, por iniciativa dos camaradas do Grupo de Porto Alegre, o Grupo do Rio entendeu-se com os demais grupos existentes sobre a necessidade de se apressar a reunião, em congresso, dos delegados dos mesmos, para definitiva organização do Partido Comunista em vista da aproximação do IV Congresso da Internacional de Moscou, no qual deveriam fazer-se representar os comunistas do Brasil. Um trabalho ativo foi iniciado, neste sentido, marcando-se a data de reunião do Congresso: 25, 26 e 27 de março.

Chegado finalmente o dia 25 de março, realizou-se a primeira sessão do Congresso Constituinte do Partido Comunista do Brasil, sendo lida então uma entusiástica saudação enviada pelo Bureau da Internacional Comunista para a Propaganda na América do Sul. Duas sessões se realizaram ainda no dia seguinte, 26, e duas finais no dia 27. Estavam representados por delegação direta os Grupos de Porto Alegre, de Recife, de São Paulo, de Cruzeiro, de Niterói e do Rio. Não puderam enviar delegados os Grupos de Santos e Juiz de Fora. Igualmente se fizeram representar o Bureau da IC para a América do Sul e o Partido Comunista do Uruguai.

Foi estabelecida a seguinte ordem-do-dia para os trabalhos do Congresso:

1) Exame das 21 condições de admissão na Internacional Comunista;
2) Estatutos do Partido Comunista;

3) Eleição da Comissão Central Executiva;

4) Ações pró-flagelados do Volga;

5) Assuntos vários.

1) As 21 condições de admissão estabelecidas pela Internacional Comunista formam objeto de minucioso e demorado exame por parte dos delegados presentes, sendo discutidas e aceitas, unanimemente, uma a uma.

2) Os estatutos do novo Partido, inspirados nos do Partido Comunista da Argentina, e tendo em conta as condições especiais da situação brasileira, foram elaborados, discutidos e aprovados, a título provisório, pela unanimidade dos delegados.

3) A eleição para os cargos da Comissão Central Executiva do Partido foi feita com um perfeito espírito de cordialidade, tendo-se em vista as habilitações e possibilidades de cada um.

4) Como já existe, funcionando desde setembro do ano passado, um Comitê de Socorro aos Flagelados Russos, do qual fazem parte comunistas, anarquistas e sindicalistas, o Congresso deliberou que a CCE promovesse, de acordo com o referido Comitê, uma maior ampliação na composição do mesmo, convidando indistintamente, para a organização de uma ação comum, a todos os organismos operários e revolucionários do Brasil, sejam quais forem suas tendências.

Depois de outras resoluções de caráter secundário e aprovadas as moções que vão mais adiante, deu-se o Congresso por encerrado, entoando os delegados, de pé, comovidamente, as estrofes da *Internacional*. Um viva à Terceira Internacional! E estavam terminados os trabalhos preliminares de fundação do Brasil.

Nem por serem poucos e sem exagerarem a modéstia de sua obra, os delegados presentes ao Congresso não menos convictos se mostravam da importância histórica do ato que realizavam. Eles representavam, ali, senão organicamente, de certo em espírito, as aspirações mais altas do proletariado do Brasil, finalmente integrado na vanguarda revolucionária do proletariado mundial."

Anexo III

RESOLUÇÃO SOBRE O RELATÓRIO DO DELEGADO DO P. C. B. AO IV CONGRESSO DA I. C., ADOPTADA NA SESSÃO DE 6.6.925.[41]

A C. C. E. tomando conhecimento do Relatório que lhe foi apresentado pelo camarada Antonio Canellas, delegado do P. C. B. ao IV Congresso da I. C., e depois de o conhecer e discutir, em sessão ampliada. Decide consignar em esta, para conhecimento do Partido e do Executivo da I. C., as seguintes observações.

Preliminarmente é de notar-se que o Relatório pécca por um sério inconveniente de fórma – pela demasiada extensão de seu texto; pelo accumulo de pormenores incidentaes, secundarios, alguns méramente pittorescos, e, por seu tom apaixonado, polemico, personalíssimo – o que tudo difficulta sobremaneira a apreciação de seu conteúdo real e de interesse para o caso.

Fóra dessa questão de fórma, a impressão geral que deixa o Relatório é que o camarada Canellas não soube conduzir-se com a serenidade de animo e a firmeza de critério que se fasiam mister para levar a bom termo a sua missão. Informações falseadas ou tendenciosas – ao que conjecturamos, partidas, aliás irregularmente, do Centro de Porto Alegre – crearam, no Executivo e especialmente

[41] Mantida a ortografia original.

entre as delegações da Argentina e do Uruguay, um ambiente desprevenido e desfavorável a respeito de nosso Partido. Canellas, ao enves de procurar esclarecer a situação e desfazer esse ambiente injusto, mais o aggravou ainda, por sua falta de tacto, por um mal entendido e peor applicado espírito de independencia, bem como por sua attitude irritadiça pelo critério errôneo ou confuso manifestado acerca de varias questões doutrinarias e de facto.

A respeito, por exemplo, da questão maçônica, o camarada Canellas, resumindo, no relatório, o que respondeu ao inquérito aberto pelo BOLCHEVIK, emitte uma opinião absolutamente inadmissivel do ponto de vista do comunismo: aquella, segundo a qual "nosso gênero de socialismo é neutro em moral", e que, em consequencia, o Partido pode contar em seu seio, não sómente maçons, mas ainda catholicos, protestantes, positivistas, israelitas (no sentido religioso). Há nisso um grave erro doutrinário que não admira haja escandalizado o Executivo, pois que tambem a nós nos deixa escandalizados. O comunismo é uma doutrina scientifica fundamentalmente materialista, anti-nacioonalista, anti-espiritualista e nescessariamente incompatível com qualquer doutrina religiosa, moral ou política, baseada em terreno extranho ao traçado pela dialética marxista. Isto é coisa elementar, primaria, está no a. b. c. do comunismo. Canellas confundiu deploravelmente a *doutrina* com a *política* do comunismo em relação á moral e á religião. Um partido comunista pode adoptar, em taes ou quaes circunstancias dadas uma *política* de tolerância ou temporisação perante as massas ainda impregnadas de espírito ou sentimentos religiosos – presisamente porque essas massas não são comunistas no sentido doutrinário, restrito do termo. Os filiados ao partido comunista, esses, por definição, são materialistas, anti-espiritualistas, anti-religiosos.

A opinião do camarada Canellas sobre a questão francesa – sua "opinião particular" – causou-nos a maior surpresa. Residindo na França por mais de dois annos seguidos, Canellas tinha obrigação de a conhecer a fundo, em todos os seus aspectos. Mas, segundo sua própria declaração, elle nem siquer procurava manter-se em contacto com os camaradas franceses. Sua phraseologia a respeito da política dos leaders da Esquerda francesa, e mesmo a respeito do próprio Executivo, não raro se assemelha a phraseologia do uso entre os falsos comunistas do Centro, os excluídos de toda côr, desde Fabre a Frossard, e corrente até aos peores inimigos da Internacional, desde o TEMPS ao LIBERTAIRE. Isto causou-nos, dissemol-o francamente, uma decepção penosissima.

Nós não conhecemos de perto a nenhum dos leaders da Esquerda francesa e não podemos dar uma opinião pessoal sobre suas qualidades e defeitos privados – o que de resto pouco importa. Mas, através de seus escriptos e de sua actuação de militantes, que conhecemos tanto quanto nos permitte a leitura da imprensa comunista, como aos debates dos congressos do Partido Frances e dos Executivos ampliados onde a questão francesa foi tão discutida, temos a convicção de que elles não desmerecem da confiança que lhes tem dispensado o Executivo. De outro lado, não podemos comprehender que o Executivo – e á frente do Executivo Trotsky, que a vários delles conhece pessoalmente, de longa data – pudesse ser illudido a tal ponto por Souvrine, Rosmar e Trint. A suppôr verdadeiras as opiniões de Canellas acerca desses camaradas, e duas uma: os homens que compõem o Executivo seriam – ou um bando de cretinos enrolados por elles, ou um bando de mystificadores iguaes a elles. Não podemos admittir qualquer das pontas desse dilema, de modo concluímos pelo grave erro das apreciações de Canellas. Este reivindica para si o direito individual de opinião, que todo delegado aos congressos deve ter. Entendemos que é incontestavel esse direito á liberdade de opinião – mas de opinião comunista, não liberdade de opinião em geral.

Nós julgamos – baseados nos elementos de juízo de que temos conhecimento – que a resolução do IV Congresso a respeito da questão francesa foi justa e nescessaria. Alias, melhor que as palavras e os debates, os fatos estão comprovando que o P. C.

Frances, depurado que foi dos elementos duvidosos, só agora se vai mostrando um verdadeiro partido comunista.

Reclama especial attenção a parte do Relatorio de Canellas referente á resolução tomada pelo Executivo a respeito do nosso partido.

Algumas questões de facto. Conta Canellas que impugnaram a regularidade de seu mandato. Neste ponto Canellas tem razão, menos no que toca a ter sido Alexandrovsky portador de uma cópia da credencial. O original desta foi daqui remettido para Canellas, em Paris, sendo remetida uma cópia, não por mão de Alexandrovsky, mas por via postal, para o Executivo, que accusou sua recepção, em carta datada de Moscou[42], de julho de 1922, assignada por Bukosi e que se acha archivada na Secretaria da C. C. E.

Quanto aos effectivos do Partido, em dezembro já passavam muito dos 123 membros, mas não chegavam realmente a 500, como informou Canellas. Mais de 123 membros contavamos nós, já então, só no Rio e Nictheroy. Devido ás circunstancias decorrentes do estado de sitio (que ainda perdura) decretado em julho de 1922 e do varejamento da sede da C. C. E., pela policia do Rio, a qual se apoderou de parte do nosso archivo, não podíamos diser com exactidão o numero de nossos adherentes, nas cartas que escrevemos a Canellas nas vésperas de sua partida para Moscou. Estimamos porém nosso effectivos, naquele momento (até fim de maio de 1923), esse numero anda por volta de 300. A lentidão do recrutamento se explica pelas innumeras difficuldades creadas para nossa propaganda com o perdurar das circurnstancias anormaes alludidas.

Onde plena rasão cabe a Canellas é no ponto relativo a seu (o nosso) pretenso "anti-semitismo". Esta uma questão absolutamente estranha no Brasil, paiz cosmopolita, de imigração onde jamais se

---

[42] Não figura aqui a data precisa porque, ao passarmos esta Resolução na datilographia (21.6.923), a policia se apoderou do nosso archívo. Há vários membros do Partido presos (2 da C. C. E. inclusive Canellas).

manifestaram quaesquer preconceitos de raça. Podemos affirmar, sem o menor receio de contestação, que não ha no Brazil nenhuma espécie de anti-semitismo, nem mesmo por parte da burguesia.

Diz a resolução do Executivo que o P. C. do Brasil não é ainda um verdadeiro partido comunista "porque conserva uns restos de ideologia burguesa devidos á presença de elementos da maçonaria e influenciados por preconceitos anarchistas..."

Contestamos a primeira dessas affirmativas: nosso partido não soffre nenhuma influencia de ideologia maçônico-burguesa. Cabe aqui dizer que não corresponde bem á realidade a informação de Canellas escripta para o BOLCHEVIK, segundo a qual "nosso partido... conta no seio alguns bons camaradas maçons cuja acção revolucionaria no seio da maçonaria é notável e notória". Apenas dois camaradas de destaque – e mais um ou outro ou talvez nenhum – já eram maçons quando adheriram ao Partido. São dois camaradas de origem pequeno-burguesa, mas sinceramente revolucionarios e dos mais dedicados á causa proletária, sendo porém que a C. C. E., dando rigoroso cumprimento á resolução do IV Congresso, determina desde já escolham elles entre ficar na maçonaria ou no Partido, Unicamente em relação a um desse camaradas, cujo caso é especialíssimo, a C. C. E. apresenta ao Executivo, á parte, As rasões que julga sufficientes para permittirem uma excepção provisória, enquanto durarem as rasões apontadas[43].

Quanto aos restos de presconceitos anarchistas, por amor á verdade convimos em que é possível existirem no seio do Partido, o que aliás se explica facilmente pelo facto de anterior predominância – podemos dizer exclusividade – de anarchismo no movimento revolucionário e operário do Brasil, de onde sahiram os comunistas de hoje. Não mesmos verdade é porém que se elementos de mais destaques, os melhores militantes de nosso partido, vindos embora

[43] O caso especialíssimo é que na época, Everardo Dias era gerente da gráfica do Grande Oriente do Brasil e lá, clandestinamente, era impresso o Jornal *Movimento Comunista*. A gráfica foi descoberta e invadida pela polícia. – Nota do autor.

dos anarchismo, se sabiam totalmente livres de taes preconceitos e grandes esforços têm empregado na reeducação dos demais adherentes do Partido, em sua quasi totalidade aliás proletários authenticos. Apresiaveis resultados se hão obtido já, neste sentido, como o attestam nossa revista e nossas edições, que agora iniciamos systematicamente (com o Programa Comunista de Bukharine). Igualmente temos realisado – como nos tem sido possível nas circunstancias anormaes já apontadas – cursos e leituras collectivas e comentadas de obras comunistas, o que muito tem contribuído para desfazer as confusões ideológicas porventura ainda existentes em nosso seio.

As resoluções do Executivo critica nossa "estructura descentralizada" (evidentemente por erro de cópia, ala a resolução – cópia trasida pelo camarada Canellas – em "estrutura *centralizada*"). A este respeito temos a dizer que a estructura de nosso partido, estabelecida segundo o modelo argentino (nossos estatutos são uma adaptação dos estatutos do P. C. Argentino), obedece a um critério o mais possível centralizador, tendo-se em vista as peculiaridades condições geographicas do pais. A Direção do Partido é realizada por uma Comissão Central Executiva (C. C. E.) composta de 10 membros, 5 titulares e 5 supplentes, eleitos em Congresso.

Não é pois exacta a informação de Canellas quando escreveu, em sua réplica á resolução do Executivo, que nosso partido é dirigido por uma comissão executiva dirigida por 3 membros. Engano esse incomprehencivel, visto constar de nossos estatutos, que do conhecimento de Canellas.

A C. C. E. conclue, das conciderações acima, que a resolução do executivo, em parte injusta e inezacta em suas apreciações sobre o P. C. brasileiro, baseou-se, evidentemente: 1° em informações anteriores incompletas ou falseadas; 2° na attitudes e opiniões errôneas do nosso delegado.

Estamos convictos que o Executivo, tomando mais ezacto conhecimento sobre nossa organização e nossas actividades, outro conceito formará de nosso partido e em conseqüência admittil-o-á como partido adherente efectivo da I. C., cuja causa defendemos, no Brasil, com as possibilidades de que dispomos, modestamente, mas com uma sincera e inquebrantavel dedicação.

Esperamos, a cada momento (segundo comunicação que já recebemos), a visita até aqui de um dos delegados do P. C. argentino no IV Congresso, o qual, ao que suppomos, trará um mandato especial do Executivo para o fim de entender-se diretamente conosco.

Notamos assim que dentro em breve totalmente desfeitos estarão os malentendidos artificialmente creados, no Executivo, a nosso respeito.

Sobre as attitudes e opiniões sustentadas em Moscou pelo camarada Antonio Canellas, acreditamos sinceramente não terem ellas dictadas por espírito de má fé calculada, porem antes por uma natural insufficiencia de cultura doutrinaria e de conhecimento mais preciso e directo sobre a própria vida do partido que representava e ainda, em parte, convem dizel-o, por seu temperamento excessivamente irritadiço.

Ao camarada Canellas queremos significar não nos mover, no que ahi fica dito, nenhuma intenção de desconsideração pessoal, mas unicamente o dever comunista, perante a Internacional e perante elle próprio, de dizer as coisas com a maior lealdade e franqueza. Estamos certos de que seu bom senso acabará reagindo efficazmente sobre seu espírito e elle, sem preconceitos melindres pessoais, se mantenha disciplinadamente, como bom soldado da I. C., a prestar a nosso partido o concurso de sua actividade e de sua intelligencia.

Ao Executivo da I. C., finalmente. A C. C. E. reaffirma, com a mais profunda convicção, a absoluta solidariedade a disciplina internacional do P. C. brasileiro, modesto mas consciente fracção do grande exercito revolucionário mundial.

Rio, 6 de Junho de 1923.

Ass.: Astrojildo Pereira

Anexo IV

Versão de Octávio Brandão[44]

A DELEGAÇÃO DE CANELAS. Antonio Canellas era um artesão-tipógrafo e jornalista. Revoltado e anarquista. Superindividualista e espontaneísta. Era inteligente, mas não estudava. Confiava demais na própria intuição.

Creio que nasceu em Niterói. Dirigiu os jornais *Tribuna do Povo* em Viçosa de Alagoas, em 1916, *A Semana Social* em Maceió, em 1917 e *Tribuna do Povo* no Recife, em 1918. Resolveu fundar uma escola como *La Ruche* (A Colméia) de Sebastião Faure, anarquista francês. Partiu para a Europa em setembro de 1920. Em Paris, no meio de grandes dificuldades, aprendeu o ofício de linotipista. Não estudou a teoria marxista. Aderiu ao PCB. Mas nenhum papel representou no nascimento e desenvolvimento do partido.

Em Moscou, a 26 de junho de 1922, o Comitê Executivo da Internacional Comunista decidiu que um delegado do PCB fosse enviado ao 4° Congresso da IC.

No Rio de Janeiro, Astrojildo propôs Canellas como delegado do PCB ao 4° Congresso da IC. Encontrou resistência. Alegou: "*O PCB é muito pobre e Canellas* já se encontra a meio *caminho,*

---

[44] Retirada do livro Batalhas e Confrontos, Memória, 1° Volume.

em Paris". Alegou outras coisas. Tinha ilusões. Deixava-se levar facilmente pelas predileções pessoais. Acabou vencendo. Um erro enorme de Astrojildo.

Em Moscou, muitos anos depois, em 1934, li, em francês, os relatórios de Canellas, no arquivo da Internacional Comunista. Não refletiam de modo algum a opinião do PCB.

Canellas, no 4º Congresso da Internacional Comunista, apoiou abertamente o ponto de vista de Trotsky. Declarou: *"le camarade Trotsky très bien fait remarque que si la Russie des Soviets a tenu jusqu'ici et tiendra encore quelques années, elle ne pourrait tenir indefiniment"*.[45]

Canelas não acreditava, pois, na consolidação da Rússia Socialista. Traçava como perspectiva "a consolidação do capitalismo mundial". Tal "inimigo" terrível do capitalismo – Antonio Bernardo Canellas...

A História não confirmou a "profecia" de Canellas. Ele concluiu, como Trotsky, que seria melhor passar-se para o outro lado da barricada. E passaram-se.

Em Moscou, Canellas "descobriu" que os grandes problemas políticos e ideológicos do Brasil eram o caciquismo e o messianismo. Disse à Internacional Comunista que o reformismo não existia em nosso país. Não viu, pois, os sindicatos dos transportes e seus dirigentes amarelos, reformistas e policiais. Defendeu a Maçonaria. Inventou que os comunistas-Maçons do Brasil realizavam "uma ação revolucionária no seio da Maçonaria". O PCB desconhecia isto. Nesta hora, a Internacional Comunista desmascarava a Maçonaria como instituição burguesa e exigia optar: pelo Partido Comunista ou pela Maçonaria.

Canellas nada estudava a sério. Tinha o vício do jornalista burguês; garatujava papel sobre todos os assuntos possíveis e

---

[45] "O camarada Trotsky observou muito bem que, se a Rússia dos Sovietes manteve-se até aqui e manter-se-á ainda alguns anos, ela não poderia manter-se indefinidamente".

imagináveis. Assim, em Moscou, meteu-se a escrever estudos e relatórios a respeito de tudo e de todos: a descentralização industrial, a Inglaterra do século XIX, Zanzibar, a África do Sul, a situação da Serra Leoa, etc. Era uma verdadeira enciclopédia ambulante sobre os problemas da África, onde ele nunca esteve, da qual não era delegado nem tinha nenhuma ideia concreta.

Canellas recomendou especialmente à Internacional Comunista que tomasse como pontos de apoio Angola e Moçambique, e aí desenvolvesse um vasto movimento pan-africano. Seriamente preocupado com a África, esqueceu os negros do Brasil. Nem sequer uma linha escreveu sobre eles.

O "delegado" do PCB voltou ao Rio de Janeiro em janeiro de 1923. Criou um caso durante onze meses. Logo nos primeiros dias, demonstrou nada ter estudado. Disse-me que os fatos não confirmaram a teoria de Marx a respeito da concentração do capital, porque, segundo ele, nas sociedades anônimas, havia grande número de acionistas. Fiquei admirado da sua ignorância. Lembrei-lhe o exemplo das sociedades anônimas do Brasil em que sempre um grande capitalista predomina sobre os pequenos acionistas.

Finalmente, depois de adiamentos, Canellas, perante a Comissão Central Executiva do PCB, leu seu relatório a respeito da delegação ao 4º Congresso da Internacional Comunista. Notou que a CCE não concordava com suas atitudes em Moscou. Redigiu, então, ele próprio, um projeto de resolução que deveria ser assinado de cruz por todos nós.

A Comissão Central Executiva rechaçou esse projeto absurdo de resolução. Encarregou-me de fazer a análise do relatório de Canellas. Realizou uma reunião no subúrbio do Méier, em maio de 1923, para discutir o relatório. Logo que iniciei a análise, Canellas não resistiu à crítica. Teve uma crise de nervos, como um histérico. Abandonou a reunião. Recusou categoricamente discutir suas atitudes em Moscou.

No começo de junho de 1923, a CCE aprovou uma resolução

condenando as atitudes de Canellas. Dois dias depois, ele foi preso. Na prisão, ligou-se a um aventureiro e chantagista, e escreveu bilhetes atacando a CCE.

Solto, Canellas pediu demissão de membro da CCE. Foi suspenso do PCB. Publicou seu relatório sobre a delegação, cheio de ataques à Internacional Comunista. Correu para a "Secção Operária" do jornal burguês *A Pátria,* juntou-se aos anarquistas e atacou violentamente o PCB em geral e a mim em particular.

Em dezembro de 1923, a CCE do PCB expulsou Canellas como traidor. Encarregou Astrojildo de escrever e publicar um folheto rebatendo todas as alegações do traidor. Assim foi feito.

Canellas deixou de ser militante da classe operária. Renegou-a. Tornou-se um revoltoso pequeno-burguês em 1924. Editou o jornal ilegal *5 de Julho* contra Bernardo, a favor dos revoltosos. Faleceu depois de 1930.

Anexo V

Os Landmarks de Albert Gallatin Mackey[46]

I – Os processos de reconhecimento são os mais legítimos e inquestionáveis de todos os Landmarks. Não admitem mudança de qualquer espécie; desde que isso se deu, funestas consequências posteriores vieram demonstrar o erro cometido.

II – A divisão da Maçonaria Simbólica em três Graus – Aprendiz, Companheiro e Mestre – é um Landmark que, mais que qualquer outro, tem sido preservado de alterações apesar dos esforços feitos pelo daninho espírito inovador.

III – A lenda do terceiro Grau é um Landmark importante, cuja integridade tem sido respeitada. Nenhum Rito existe na Maçonaria, em qualquer país ou em qualquer idioma, em que não sejam expostos os elementos essenciais dessa lenda. As fórmulas escritas podem variar, e na verdade variam; a lenda do Construtor do Templo de Salomão,

[46] Albert Gallatin Mackey (1807-1881) foi um conhecido Médico e Escritor Maçônico, é também o responsável pela *Enciclopédia da Maçonaria (1845)*. As Potências Maçônicas latino-americanas, via de regra, adotam a classificação de vinte e cinco Landmarks compilada por ALBERT G. MACKEY. A primeira vez em que se fez menção à palavra Landmark em Maçonaria foi nos Regulamentos Gerais compilados em 1720 por George Payne, durante o seu segundo mandato como Grão-Mestre da Grande Loja de Londres, e adotados em 1721, como lei orgânica.

porém, permanece em essência. Qualquer Rito que a excluir ou a altere substancialmente deixará de ser um Rito Maçônico.

IV – O Governo da Fraternidade por um Oficial que é seu presidente, denominado Grão-Mestre, eleito pelo povo maçônico, é o quarto Landmark da Ordem Maçônica. Muitos pensam que a eleição do Grão-Mestre se pratica por ser estabelecida em lei ou regulamento, mas, nos anais da Instituição, encontram-se Grão-Mestres muito antes de existirem Grandes Lojas, e se todos os Regulamentos e Constituições fossem abolidos, sempre seria mister a existência de um Grão-Mestre.

V – A prerrogativa do Grão-Mestre de presidir todas as reuniões maçônicas, feitas onde e quando se fizerem, é o quinto Landmark. É em virtude dessa lei, de antiga usança e tradição, que o Grão-Mestre ocupa o Trono e preside todas as Sessões da Grande Loja, assim como quando se ache presente à Sessão de qualquer Loja subordinada à autoridade maçônica de sua Obediência.

VI – A prerrogativa do Grão-Mestre de conceder licença para conferir Graus em tempos anormais, é outro importantíssimo Landmark. Os estatutos e Leis Maçônicas exigem prazos, que devem transcorrer entre a proposta e a recepção do candidato, porém o Grão-Mestre tem o direito de dispensar esta ou qualquer exigência, e permitir a Iniciação, a Elevação ou Exaltação imediata.

VII – A prerrogativa que tem o Grão-Mestre de dar autorização para fundar e manter Lojas é outro importante Landmark. Em virtude dele, o Grão-Mestre pode conceder a um número suficiente de Mestres-Maçons o privilégio de se reunir e conferir Graus. As Lojas assim constituídas chamam-se "Lojas Licenciadas". Criadas pelo Grão-Mestre só existem enquanto ele não resolva o contrário, podendo ser dissolvidas por ato seu. Podem viver um dia, um mês ou seis. Qualquer que seja, porém, o prazo de sua existência, exclusivamente ao Grão-Mestre a deve.

VIII – A prerrogativa do Grão-Mestre de criar Maçons por sua deliberação é outro Landmark importante. O Grão-Mestre convoca em seu auxílio seis outros Mestres-Maçons, pelo menos, forma uma Loja e, sem uma forma prévia, confere os Graus aos Candidatos, findo o que, dissolve a Loja e despede os Irmãos. As Lojas assim convocadas por este meio são chamadas "Lojas de Emergência" ou "Lojas Ocasionais".

IX – A necessidade de se congregarem os Maçons em Lojas é outro Landmark. Os Landmarks da Ordem prescrevem sempre que os Maçons deveriam congregar-se com o fim de entregar-se a tarefas operativas e que às suas reuniões fosse dado o nome de "Lojas". Antigamente, eram estas reuniões extemporâneas, convocadas para assuntos especiais e logo dissolvidas, separando-se os Irmãos para de novo se reunirem em outros pontos e em outras épocas, conforme as necessidades e as circunstâncias exigissem. Cartas Constitutivas, Regulamentos Internos, Lojas e Oficinas permanentes e contribuições anuais são inovações puramente modernas de um período relativamente recente.

X – O Governo da Fraternidade, quando congregada em Loja, por um Venerável e dois Vigilantes, é um outro Landmark. Qualquer reunião de Maçons congregados sob qualquer outra direção, como, por exemplo, um presidente e dois vice-presidentes, não seria reconhecida como Loja. A presença de um Venerável e dois Vigilantes é tão essencial para a validade e legalidade de uma Loja que, no dia de sua consagração, é considerada como uma Carta Constitutiva.

XI – A necessidade de estar uma Loja a coberto, quando reunida, é outro importante Landmark que não deve ser descurado. O cargo de Guarda do Templo, que vela para que o local da reunião seja absolutamente vedado à intromissão de Profanos, independe, pois, de qualquer Regulamento ou Constituição.

XII – O direito representativo de cada Irmão nas reuniões da Fraternidade é outro Landmark. Nas reuniões gerais, outrora chamadas "Assembleias Gerais", todos os Irmãos, mesmo os Aprendizes, tinham o direito de tomar parte. Nas Grandes Lojas, hoje, só tem direito de assistência os Veneráveis e Vigilantes, na qualidade, porém, de representantes de todos os Irmãos das Lojas. Antigamente, cada Irmão se autorrepresentava. Hoje são representados pelas Luzes de sua Loja. Nem por motivo dessa concessão, feita em 1817, deixa de existir o direito de representação firmado por este Landmark.

XIII – O direito de recurso de cada Maçon das decisões de sua Loja para a Grande Loja, ou Assembleia Geral dos Irmãos, é um Landmark essencial para a preservação da Justiça e para prevenir a opressão.

XIV – O direito de todo Maçom visitar e tomar assento em qualquer Loja é um inquestionável Landmark da Ordem. É o consagrado "Direito de Visitação", reconhecido e votado universalmente a todos os Irmãos que viajam pelo orbe terrestre. É a consequência do modo de encarar as Lojas como meras divisões da família maçônica.

XV – Nenhum Irmão desconhecido dos Irmãos da Loja pode a ela ter acesso como visitante sem que primeiro seja examinado, conforme os antigos costumes, e como tal reconhecido. Este exame somente pode ser dispensado se o Irmão visitante for conhecido por algum Irmão da Loja, o qual por ele será responsável.

XVI – Nenhuma Loja pode intrometer-se em assunto que diga respeito a outra, nem conferir Graus a Irmãos de outros Quadros.

XVII – Todo Maçom está sujeito às leis e aos regulamentos da Jurisdição Maçônica em que residir, mesmo não sendo, aí, Obreiro de qualquer Loja.

A inafiliação constitui, por si própria, uma falta maçônica.

XVIII – Por este Landmark, os candidatos à Iniciação devem ser isentos de defeitos ou mutilações, livres de nascimento e maiores. Uma mulher, um aleijado ou um escravo não podem ingressar na Fraternidade.

XIX – A crença no GRANDE ARQUITETO DO UNIVERSO é um dos mais importantes Landmarks da Ordem. A negação dessa crença é impedimento absoluto e irremovível para a Iniciação.

XX – Subsidiariamente à crença em um ENTE SUPREMO, é exigida, para a Iniciação, a crença numa vida futura.

XXI – Em Loja, é indispensável a presença, no Altar, de um LIVRO DA LEI, no qual supõe-se, conforme a crença, estar contida a vontade do Grande Arquiteto do Universo. Não cuidando a Maçonaria de intervir nas peculiaridades da fé religiosa dos seus membros, o "Livro da Lei" pode variar conforme o credo. Exige, por isso, este Landmark que um "Livro da Lei" seja par indispensável das alfaias de uma Loja Maçônica.

XXII – Todos os Maçons são absolutamente iguais dentro da Loja, sem distinção de prerrogativas profanas, de privilégios que a sociedade confere.

A Maçonaria a todos nivela nas reuniões maçônicas.

XXIII – Este Landmark prescreve a conservação secreta dos conhecimentos havidos pela Iniciação, tanto os métodos de trabalho como suas lendas e tradições, que só devem ser comunicados a outros Irmãos.

XXIV – A fundação de uma ciência especulativa, segundo métodos operativos e uso do simbolismo e a explicação dos ditos métodos e dos termos neles empregados com o propósito de ensinamento moral, constitui outro Landmark. A preservação da Lenda do Templo de Salomão é outro fundamento deste Landmark.

XXV – O último Landmark é o que afirma a inalterabilidade dos anteriores, nada lhes podendo ser acrescido ou retirado, nenhuma modificação podendo ser-lhes introduzida. Assim como de nossos antecessores os recebemos, assim os devemos transmitir aos nossos sucessores – *Nolumus est leges mutari.*

∴

Bibliografia

AGUIAR, Demóstenes N. Vieira de. *O Pedreiro Livre*. Aurora. v. I

BANDEIRA, Luiz Alberto Moniz. *O Ano Vermelho*. Expressão Popular, 2004.

BRANDÃO, Octávio. *Combates e Batalhas, Memórias*. Alfa-Omega, 1978.1º v.

CARONE, Edgar. *Uma Polêmica nos primórdios do PCB*: O Incidente Canellas e Astrojildo (1923) – Memória & História Nº 1, Astrojildo Pereira. Ciências Humanas, 1981.

CASTELLANI, José. *A Cadeia Partida– História da Cisão de 1973 no Grande Oriente do Brasil*. Londrina: "A TROLHA", 1994.

______. *A Ação Secreta da Maçonaria na Política Mundial*. Landmark, 2001.

CAVALCANTI, Paulo. *O Caso Eu Conto, Como o Caso Foi: da Coluna Prestes à Queda de Arraes* (Memórias). Alfa-Omega, 1978.

COSTA, Frederico Guilherme. *Questões Controvertidas da Arte Real*. V. IV. Londrina: "A TROLHA", 1998.

Diversos. *Memória & História* Nº 2, Cristiano Cordeiro. Ciências Humanas, 1981.

DULLES, John W. F. *Anarquistas e Comunistas no Brasil*. 2ª ed. Nova Fronteira, 1977.

GUIMARÃES, João Nery. *Maçonaria sem Comunismo*. Prelo, 1971.

IMBASSAHY, Carlos de Brito. *A Bioenergia no Campo do Espírito*. Mnêmui Túlio, 1997.

MAFFEI, Eduardo. *Vidas Sem Norte, Romance do Tenentismo*. Livraria Brasiliense, 1980.

SALLES, Iza. *Um Cadáver ao Sol*. Ediouro, 2005.

LACERDA, Maurício de. *História de Uma Covardia*. Nova Fronteira, 1980.

OSTRANDER, Sheila e SCHROEDER, Lynn. *Experiências Psíquicas Além da Cortina de Ferro*. Cultrix, 1970.

PEREIRA, Astrojildo. *Formação do PCB*. Vitória, 1962.

ZAIDAN FILHO, Michel. *PCB (1922-1929) - Na Busca das Origens de um Marxismo Nacional*. Global Editora e Distribuidora, 1985.

Centenas de sites na Internet.

Editora Maçônica

A TROLHA

Redação, Diagramação,
Composição, Revisão, Arte-Final.

Rua Castro Alves, 835 – Jd. Shangri-lá A
Fone: (43) **3337-1982** – Fax: (43) **3326-0915**
CEP 86070-670 – Londrina – Paraná

Home Page: http://www.atrolha.com.br
E-Mail: redacao@atrolha.com.br